2025학년도 법학적성시험 대비

LEETBoost

제8회 전국모의고사

언어이해 · 추리논증 해설지

2024. 6. 30 시행

이의제기 및 성적통계
바로가기

이의제기 안내
- 본 시험 종료 후 네이버 법률저널 공식 LEET 카페(cafe.naver.com/lecleet)에서 '이의제기 신청 게시판'에 양식에 맞춰 제출해 주세요.
- 이의제기 기간: 7월 1일(월) 오후 5시까지

법률저널

2025학년도 법학적성시험 대비 LEET Boost 모의고사 1

제1교시

언어이해

성명 | 수험 번호

제8회

정답 및 해설

1	④	2	②	3	③	4	①	5	③
6	①	7	⑤	8	③	9	④	10	②
11	①	12	④	13	②	14	⑤	15	④
16	⑤	17	④	18	③	19	③	20	②
21	②	22	①	23	⑤	24	③	25	①
26	⑤	27	④	28	⑤	29	⑤	30	①

[1~3] 규범

1. 정답 ④

접근방법

글의 내용과 대조하여 명백히 오답인 선지부터 소거한다.

선택지 해설

① (○) 헌법적 기본권 규범은 대체로 법원칙에 해당한다(2문단). 그러나 예시한 헌법 제67조 제4항과 같이 법규칙으로 분류되는 경우도 있다.

② (○) 독일 연방헌법재판소는 기본권의 제한 정도와 대립하는 공익의 중요도를 저울질한다(4문단).

③ (○) 법규칙은 구체적인 구성요건을 두며 포섭의 방식으로 적용된다(1문단). 그러나 법원칙은 구체적인 구성요건을 두기보다는 그 원칙이 규정하는 내용이 가능한 최대로 보장될 것을 요청하는 이상적 당위의 성격을 띤다. 법익형량은 이러한 법원칙의 충돌 상황에서 우선순위를 정하는 법학 방법론이 된다(2문단).

④ (×) 법원칙은 다른 법가치들과의 관계를 고려하고 현실적으로 주어진 조건에서 그 원칙이 규정하는 내용이 가능한 최대로 보장될 것을 요청한다. 법원칙은 적용 과정에서 필연적으로 다른 법원칙과 충돌하므로 법익형량이 필요하다(2문단). 어떠한 조건에서도 다른 법원칙과 충돌하지 않는 법원칙이 있다면, 그 원칙이 규정하는 내용은 제한된 범위를 고려하지 않고 최대한 보장되어야 한다.

⑤ (○) 헌법 제67조 제4항은 일정한 구성요건을 충족하면 법률효과가 발생한다고 규정한다(1문단). 이 조항의 구성요건은 국회의원의 피선거권이 있고 선거일 현재 40세 이상이라는 요건이다.

2. 정답 ②

접근방법

두 비판의 취지와 근거를 바탕으로 하나하나 선지의 진위를 판별한다.

선택지 해설

① (×) ㉠은 충돌하는 법원칙은 공통분모를 갖지 않는다고 했을 뿐, 모든 법원칙이 통약 불가능하다는 점을 전제한 적은 없다. ㉡은 권리를 형량할 수 있는 가치가 아니며 공익 실현을 이유로 부인해서는 안 된다고 할 뿐, 원칙적으로 제한될 수 없다는 점을 전제한 적은 없다.

② (○) ㉠은 알렉시의 이론을 따를 때 법익형량이 자의적인 것이 되어 사법 정의를 훼손한다고 비판한다. ㉡은 권리 자체가 형량의 대상이 될 수 없으므로, 법익형량을 사용하는 것은 시민의 권리 보호라는 사법부의 책임을 방기하는 것이라고 비판한다(5문단).

③ (×) ㉠은 양심의 자유와 국가안보를 비교하는 동일한 척도가 없다고 본 점은 옳다. 그러나 ㉡이 그러한 척도가 있다고 보았다고 말할 근거는 없다.

④ (×) ㉠은 법원칙의 추상적 중요도와 전제에 대한 신뢰도 간에 공통분모가 없다고 볼 것이다. 그러나 ㉡은 권리가 형량될 수 있는 가치가 아니라고 보므로, 그 사이에 공통분모도 없다고 볼 것이다.

⑤ (×) ㉠은 충돌하는 법익을 측정하는 합리적 척도가 없음을 이유로 알렉시의 형량이론을 비판한다. 오직 법익을 동일한 척도로 비교할 수 있는 경우에만 형량공식이 유효하다는 것이다. 따라서 형량공식의 유효성을 확보하기 위해 충돌하는 법익을 측정하는 객관적 척도가 필요함을 요구한다. ㉡ 역시 권리는 애초에 형량될 수 있는 가치가 아니라고 본다.

3. 정답 ③

접근방법

〈보기〉는 글에 나오는 알렉시의 형량공식에 대한 보다 자세한 설명을 담은 자료이다. 글과 〈보기〉를 조합하여 각 선지의 진위를 판별한다.

선택지 해설

ㄱ. (○) 생명권이 재산권보다 추상적 중요도가 더 높다(3문단). 따라서 생명권의 추상적 중요도를 가리키는 *Wj*가 재산권의 추상적 중요도를 가리키는 *Wi*보다 클 것이다. 이는 다른 조건과는 무관하다.

ㄴ. (○) 주어진 사안에서 *Pj*를 침해함으로써 발생하는 해악의 강도가 같은 사안에서의 *Pi*의 중요도보다 크더라도, 예를 들어 두 법원칙의 추상적 중요도는 주어진 사안과 무관하므로(3문단) 다른 변수의 값에 의해 *Wi, j*가 1이 될 가능성이 있다. 이 경우 정의에 따라 교착상태에 빠질 수 있다.

ㄷ. (×) *Rni*와 *Rnj*가 같고, *Pi*와 *Pj*의 추상적 중요도가 같으므로 주어진 사안과 관계없이 *Wi*, *Wj*도 같다. 남은 것은 *Ii*, *Ij*, *Rei*, *Rej*이다. *Pi*의 중요도가 중대하며, Pi를 지지하는 경험적 전제의 불확실성이 낮다면 *Ii*는 2^2, *Rei*는 2^0이 나온다. 그러나 이 경우에도 *Pj*의 침해 강도가 중대하며, *Pj*를 지지하는 경험적 전제의 불확실성도 낮다면 *Ij*는 2^2, *Rej*는 2^0이 나올 것이다. 이 경우 교착상태에 빠질 수 있다.

[4~6] 과학기술

4. 정답 ①

선택지 해설

① (×) “입자에는 중력을 매개하는 중력자, 전자기력을 매개하는 광자, 약력을 매개하는 W입자와 Z입자, 강력을 매개하는 글루온이 있다. 자연계의 모든 물질은 6개의 중입자와 6개의 경입자로 구성되어 있고 이들 입자 사이에는 중력, 전자기력, 약력, 강력의 네 가지 힘이 존재

한다. 그리고 이들 네 가지 힘에는 각각의 힘을 매개하는 입자가 있는데, 앞서 설명했듯이 이 같은 입자들이 게이지 입자인 것이다(2~3문단)."의 내용을 통해 힘을 매개하는 입자는 총 5종류의 입자임을 확인할 수 있다.

② (○) "자연계의 모든 물질은 6개의 중입자와 6개의 경입자로 구성되어 있고(3문단)"의 내용을 통해 확인할 수 있다.

③ (○) 입자는 대칭성을 가지고 있었는데, 힉스 입자가 입자에 질량을 부여함으로 인해 대칭성이 깨진다(3문단).

④ (○) "게이지 대칭성은 입자들이 서로 구분될 수 없음을 의미하는데, 입자들이 질량을 가지면 서로 구분되어질 수 있고, 힉스 입자가 존재하지 않으면 입자들이 질량을 가지지 않음으로 서로 구분될 수 없다.

⑤ (○) "게이지 이론에서는 이 딜레마를 해결할 수 없었지만, 수십 년 후 자발적 대칭성 깨짐이라는 개념이 도입되고 나서야 이 문제를 해결할 수 있었다. 자발적 대칭성 깨짐이란 이론상에서는 대칭성이 있으나 그 이론이 현실에 나타날 때는 대칭성이 깨진다는 것이다(3문단)."의 부분을 통해 확인할 수 있다.

5. 정답 ③

선택지 해설

① (○) 힉스 입자는 그 존재가 증명되었지만(5문단), 직접 관찰이 불가능하여 실험적으로 증명될 수밖에 없다(4문단).

② (○) 우주가 탄생했을 때는 고온으로 인해 힉스 입자가 존재하지 않았다고 설명하고 있다(5문단). 그러므로 힉스 입자는 일정 수준 이상의 온도에서는 존재할 수 없을 것이다.

③ (×) 광자를 제외한 우주상의 모든 입자들이 질량을 가짐으로 인해 원자가 발생할 수 있었다(5문단). 그러므로 원자가 발생하기 위해 우주상에 존재하는 모든 입자들이 질량을 가져야 한다는 것은 옳지 않다.

④ (○) "빛의 입자인 광자는 힉스 입자와 충돌하지 않기 때문에 움직임에 방해를 받지 않고 자연계 최고의 속도를 가진다(4문단)."를 통해서 추론할 수 있다.

⑤ (○) 파동을 기술하는 좌표계가 바뀌어서 파동의 위상에 변화가 올 때마다 변화된 위상을 자동적으로 상쇄시켜주는 입자가 있는데 이를 게이지 입자 즉 힘을 매개하는 입자라고 설명하고 있다(2문단).

6. 정답 ①

선택지 해설

ㄱ. (○) a를 지나가는 직선 중에 대칭을 만들 수 있는 직선은 무한대이다. 즉 a를 지나는 직선은 모두 대칭을 만들 수 있다. 따라서 a를 지나는 직선으로 구분되는 원의 두 부분의 면적은 항상 동일하다.

ㄴ. (×) (나)의 도형은 정사각형이므로 b를 지나가는 직선 중 대칭을 만들 수 있는 직선은 b를 지나면서 두 변을 지나는 직선 두 개와, 두 개의 꼭지점을 지나는 직선 두 개 이외에도 b를 지나는 모든 직선은 모두 대칭을 만든다. 즉 a와 마찬가지로 무한대로 대칭을 만들 수 있다.

ㄷ. (×) 평면상에 그려진 도형의 중심점을 지나는 수직선을 그은 후 그 수직선을 기준으로 나눠진 두 부분 중 한 부분을 180도 돌리면 두 부분이 완벽하게 일치하는 경우 해당 도형은 그 수직선에 대해 대칭을 가진다(1문단). 그러나 (다)의 오각형의 경우 중심점을 지나는 Y로 구분되는 두 부분 중 한 부분을 180도 돌려도 완벽하게 일치하지 않으므로 해당 도형은 Y에 대해 대칭성을 가지지 않는다.

[7~9] 인문

7. 정답 ⑤

접근방법

1. 글에는 두 문단씩 짝을 지으며 죽음의 나쁨에 대한 설명과 이에 대한 반례, 그리고 그 반례에 대한 비판이 나와 있다. 이를 분석한 후에는 두 문단씩 먼저 읽고 해당하는 내용을 설명하고 있는 선지가 있는지 보고, 그 선지를 소거하는 식으로 접근하면 시간을 절약할 수 있다.
2. '과거 노력 설명'과 '과거 노력 훼손 기준'의 문구가 순간적으로 헷갈릴 수 있다. 이를 대비하기 위해 설명에는 동그라미, 훼손 기준에는 세모 등의 다른 표시를 남겨두도록 하자.

선택지 해설

① (×) 심리적 연결 설명을 비판하는 입장에서는 개인동일성이 아니라 '냉동 인간 사례'를 활용하고 있다. 개인동일성에 근거하여 이론의 허점을 지적하는 쪽은 '냉동 인간 사례'가 심리적 연결 설명에 대한 반례로서 적절하지 않다고 주장하는, 즉 심리적 연결 설명을 비판하는 입장에 반대하는 입장이다. '이러한 논변은 비례 설명에 대해 범했던 것과 같은 종류의 오류를 범하고 있다'는 내용으로부터 파악할 수 있다(4문단).

② (×) 비례 설명에는 죽음의 나쁨에 관한 형이상학적 논의가 적용된다는 점은 지문을 통해 확인할 수 있다(2문단). 과거 노력 설명에는 이러한 논의가 적용되지 않는다는 명시적인 언급이 없으므로 이를 단정할 수 없다.

③ (×) 과거 노력 훼손 기준에 따르면 과거에 주어진 시간이나 기회가 많을수록, 미래에 주어질 시간이나 기회가 적을수록 과거의 노력이나 계획이 훼손되는 정도가 덜하다(6문단). 노인의 경우 젊은이에 비해 과거에 주어진 시간이나 기회가 많았고, 미래에 주어질 시간이나 기회가 적으므로 노인의 과거 노력 훼손 정도가 젊은이에 비해 덜하다.

④ (×) 개인동일성에 대한 특정 이론을 가정하지 않는 이상, 단순히 냉동 상태에서 깨어난 그 사람이 철수와 동일한 신체를 소유하고 있다는 사실만으로는 두 사람을 동일인이라고 단정 지을 수는 없다(4문단). 이는 반대해석상 개인동일성에 대한 특정 이론을 가정한다면 두 사람을 동일인이라고 볼 수 있는 여지가 생긴다는 의미이다. 만약 특정 이론, 예컨대 동일한 신체를 소유하고 있다면 동일인으로 보는 이론을 가정한다면 '냉동 인간 사례'에서 30세의 철수와 냉동 상태에서 깨어난 40세의 철수가 동일인이라고 볼 가능성이 존재한다.

⑤ (○) 비례 설명을 비판하는 입장에서는 비례 설명에 따를 경우 '지킬 박사 사례'에서 지킬 박사가 약물을 마시는 선택을 할 것이라고 전제한다(1문단). 비례 설명은 죽음으로 인해 박탈당하는 좋음이 적은 쪽을 선택해야 한다고 보는 이론이므로(1문단) 지킬 박사가 약물을 마시는 것을 선택하는 것이 죽음으로 인해 박탈당하는(사라지는) 좋음이 적은 쪽이라고 판단한 것이다.

8. 정답 ③

접근방법

각 입장을 명확히 이해하고 이론 간 공통점과 차이점을 파악한다.

선택지 해설

① (○) '지킬 박사 사례'가 비례 설명에 대한 반례로서 적절하지 않다고 주장하는 입장에서는 비례 설명이 개인동일성에 대한 특정 이론을 함축하고 있지 않기 때문에 '지킬 박사 사례'에서 비례 설명이 반드시 약물을 마시는 선택을 할 것이라고 단정할 수 없음을 지적한다. 지킬

박사와 하이드가 동일인이 아니기 때문에 1년을 더 생존함으로써 얻는 좋음은 지킬 박사 입장에서의 좋음이 아니라고 보기 때문이다. 그러나 비례 설명이 신체적 요소를 기준으로 하는 개인동일성 이론을 전제한다면 (동일한 신체를 가지고 있는) 지킬 박사와 하이드는 동일인이라고 할 수 있게 된다. 그렇다면 비례 설명은 지킬 박사가 약물을 마시는 선택을 할 것이라고 판단할 수 있게 되고, 비례 설명을 비판하는 (이러한 선택이 우리의 직관에 부합하지 않다고 생각하는) 입장은 더욱 설득력을 얻게 된다.

② (○) 과거 노력 설명을 옹호하는 입장에서는 젊은이의 죽음이 노인의 죽음보다 나쁘다는 직관을 설명하고자 한다. 그러나 노인의 경우 죽음으로 인해 좌절되는 과거의 노력이 젊은이보다 많기 때문에 과거 노력 설명만으로는 위 직관을 잘 설명할 수 없다. 이를 보완하기 위해 과거 노력 설명을 옹호하는 입장은 '과거 노력 훼손 기준'을 추가적으로 제시하는 것이고 이 경우 노인이 과거에 기울인 노력이 젊은이보다 많더라도 과거 노력 훼손 기준에 의해 젊은이의 죽음이 노인의 죽음보다 더 나쁘다는 직관을 잘 설명할 수 있게 된다. 따라서 노인의 경우 죽음으로 인해 좌절되는 노력이 젊은이보다 많다는 점과 과거 노력 설명을 옹호하는 입장은 양립할 수 있다.

③ (×) '젊은이의 죽음, 아기의 죽음, 노인의 죽음 중 무엇이 가장 나쁜지'와 관련하여 과거 노력 설명은 젊은이의 죽음이 아이의 죽음보다 나쁘다는 점을 함축한다. 그러나 과거 노력 설명에 따를 경우, 노인의 죽음이 젊은이의 죽음보다 나쁘다는 (우리의 직관에 반하는) 결론이 도출된다. '과거 노력 훼손 기준'은 이러한 문제를 해소하기 위해 고안된 것으로서 노인의 죽음이 젊은이의 죽음보다 나쁘다는 점을 함축한다. 하지만 이 기준에 따를 경우 아기의 죽음이 젊은이의 죽음보다 나쁘다는 결론이 도출된다. 왜냐하면 젊은이가 아기에 비해 과거에 주어진 시간이 많았고 미래에 주어질 시간은 적을 것이기 때문이다. 정리하자면 과거 노력 설명에 따를 경우, '노인의 죽음이 나쁜 정도〉젊은이의 죽음이 나쁜 정도〉아기의 죽음이 나쁜 정도'라는 관계가 형성되지만 '과거 노력 훼손 기준'을 적용할 경우, '아기의 죽음이 나쁜 정도〉젊은이의 죽음이 나쁜 정도〉노인의 죽음이 나쁜 정도'라는 관계가 형성된다. 따라서 과거 노력 설명과 '과거 노력 훼손 기준'이 제시하는 대답은 동일하지 않다.

④ (○) 반드시 본인이 아니더라도 누군가가 수학적 난제를 해결하는 것이 철수의 소망이라면 철수는 수학적 난제를 해결하는 이가 자신과 동일인인지 여부와 상관없이 이 문제가 해결되기를 바라는 열망을 가지고 있고, 자신을 냉동시킴으로써 비로소 그 소망을 충족시킬 수 있기 때문에 그렇게 행동해야 할 좋은 이유가 있다. 즉, 30세의 철수에게는 자신을 냉동시키는 것이 철수 본인의 이익에 부합하는 행위이다. 이는 30세의 철수와 40세에 냉동에서 깨어난 사람의 심리적 연결 정도와 무관하게 그러하다. 이 수정 사례는 철수 본인이 아니라 다른 누군가가 난제를 해결하길 바라는 것이 소망이라는 점에서 기존의 사례와 차이가 있다. 따라서 철수가 자신을 냉동시키는 선택을 할 이유가 있다고 판단할 것이다.

⑤ (○) 심리적 연결 설명을 비판하는 자들은 '냉동 인간 사례'에서 '심리적 연결 설명은 40세의 죽음을 30세의 죽음보다 더 선호할 이유가 없다고 판단할 것'이라고 주장한다. 심리적 연결 설명에서는 죽음이 박탈하는 좋음을 미래 자아와의 심리적 연결에 비추어 계산하는데, 심리적 연결 설명의 입장에서는 '지난 일을 전혀 기억하지 못한 채 40세에 로즈 상을 수상하고 죽는 경우'와 '로즈 상을 수상하지 못한 채 30세에 죽는 경우' 간에 박탈되는 좋음의 양은 유사하다고 볼 것이라는 것이다. 이로부터 심리적 연결 설명을 비판하는 입장에서는, '심리적 연결 설명이 40세에 냉동 상태에서 깨어난 철수와 30세의 철수가 심리적으로 연결되어 있지 않다고 판단한다.'라는 주장을 제기할 것이다.

9. 정답 ④

접근방법

'더하기 설명'을 명확히 이해하고 다른 이론들과의 관계를 파악한다.

선택지 해설

① (○) '더하기 설명'에 따르면 죽음의 나쁜 정도는 과거의 노력이 무산되는 정도와 죽음이 박탈하는 미래의 좋음을 더한 값에 비례한다. '과거의 노력이 무산되는 정도'는 과거 노력 설명의 장점을, '죽음이 박탈하는 미래의 좋음'은 비례 설명의 장점을 담고 있다. 따라서 더하기 설명은 두 이론을 취합한 설명이라고 볼 수 있다.

② (○) '더하기 설명'의 결론은 $D_2 + F_2 > D_1 + F_1 > D_3 + F_3$로 나타낼 수 있다. 위 전제로부터 $D_2 + F_2 > D_1 + F_1$ 그리고 $D_2 + F_2 > D_3 + F_3$라는 것은 도출되지만 $D_1 + F_1 > D_3 + F_3$라는 점은 곧바로 도출될 수 없다. 따라서 타당하지 않은 논증이라는 비판이 제기될 수 있다.

③ (○) 젊은이의 수명과 갓난아기의 수명이 비슷하다고 전제한다면 갓난아기가 더 일찍 죽는 경우에 해당한다. 젊은이와 갓난아기가 동일한 삶을 살 것이라고 전제하므로 젊은이의 죽음으로 인해 박탈되는 미래의 좋음(D_2)보다 갓난아기의 죽음으로 인해 박탈되는 미래의 좋음(D_1)이 더 커진다. 따라서 전제1은 거짓이 된다.

④ (×) '과거 노력 훼손 기준'에 따르면 젊은이의 죽음으로 인해 과거 노력이 훼손되는 정도보다 갓난아기의 죽음으로 인해 과거 노력이 훼손되는 정도가 크다($F_1 > F_2$). 젊은이에게 더 과거에 주어진 시간이나 기회가 많았기 때문이다. 그러나 이 기준을 과거의 노력이 존재하는 개인에 대해서만 적용한다면 과거의 노력이 존재하지 않는 갓난아기는 이 기준의 적용을 받지 않게 된다. 따라서 전제2는 거짓이 되지 않는다.

⑤ (○) '과거 노력 훼손 기준'이 타당하더라도 $F_1 > F_2$가 되므로 한 것처럼 전제2는 거짓이 된다. '과거 노력 훼손 기준'에 따르지 않더라도 $F_2 > F_3$인 이유를 설명하기 어렵다. 따라서 과거 노력 훼손 기준의 타당성 여부에 관계없이 전제2를 참이라고 볼 근거를 찾기 어렵다는 비판이 제기될 수 있다.

[10~12] 사회

10. 정답 ②

접근방법

글은 베일리의 공간모형을 설명하기 위한 것이므로, 결국 공간모형인 [그림 1]과 [그림 2]를 설명하기 위한 것이다. 따라서 글에 제시된 정보를 모형과 잘 대응해가면서 읽는 것이 그림을 정확하게 해석하는 데에 필요하다.

선택지 해설

① (×) 미국은 1934년 RTAA 제정 이후 낮은 관세를 매겼다(1문단 3번째 문장). 하지만 낮은 관세를 매겼다는 것만으로는 관세가 계속해서 감소하였는지는 알 수 없다.

② (○) [그림 1]에서 Q-점은 Q점보다 더 낮은 관세이고, Q점은 [그림 1]에서 현 상태(Q)인 스무트-할리법의 관세이므로 50%의 관세이다(1문단 2번째 문장). 따라서 이보다 더 낮은 관세인 Q-점의 관세는 50%를 넘지 않는다.

③ (×) 베일리의 전제에 따르면 대통령은 정당과 관계없이 외형적으로 자유무역을 지지한다(1문단 5번째 문장). 따라서 [그림 1]에서 공화당 대통령의 선호 지점은 의회 중위값보다 왼쪽에 위치할 것이다.

④ (×) [그림 2]에서 민주당이 관세 인하 하한선을 설정하는 이유는 RTAA 하에서는 민주당 대통령이 관세 협상 과정에서 자신의 선호에 최대한 가까운 지점에서 외국의 무차별곡선과 맞추면(3문단 4번째 문장), 관세가 너무 낮아져 의회에서 의결되지 않기 때문이다(3문단 5번째 문장). 따라서 민주당이 관세 인하 하한선을 설정하지 않는다면 대통령은 A^*보다 왼쪽에 관세를 설정하게 된다. 하지만 앞서 설명한 것처럼 관세가 너무 낮게 설정된 이 협정은 의회에서 의결될 수 없기 때문에, RTAA 하에서 관세가 A^*보다 낮아지는 것은 불가능하다.

⑤ (×) 1930년에 스무트-할리법을 제정할 때 필요한 의석수는 의회 의석수의 과반수이다(2문단 2번째 문장). 마찬가지로, RTAA 제정 이후라고 하더라도 의회에서 협정을 의결하는 데에는 의석수의 과반수가 필요하다(3문단 5번째 문장). 따라서 대통령의 법률안 거부권을 고려하지 않을 때, 두 경우에 필요한 의석수는 과반수로 같다.

11. 정답 ①

접근방법

RTAA 제정 이전과 이후에 달라진 의사결정 과정에 초점을 두면, RTAA 제정 이전과 이후에 어떤 것들이 변화하였는지 파악하기가 보다 수월하다. RTAA 제정 이전과는 달리, 이후에는 대통령이 상대 국가와 협상에 임한다는 사실이 중요하다.

선택지 해설

① (○) 의회의 중위값은 대통령과 국민의 의사를 따라 조금 이동한다(5문단 2번째 문장). 따라서 RTAA 이전이든 이후든, 대통령이 당선되면 그의 선호가 어디에 위치하느냐에 따라 조금씩 이동할 수 있다.

② (×) 베일리의 전제에 따르면 대통령은 정당과 관계없이 외형적으로 자유무역을 지지한다(1문단 5번째 문장). 이들 중에는 자유무역을 선호하는 사람도 있을 수 있고, 보호무역을 선호하는 사람도 있을 수 있다. 따라서 대통령들이 개인적 선호에 반하여 자유무역을 지지해 왔다는 추론은 옳지 않다.

③ (×) RTAA 제정 이후에는 낮은 관세를 매기는 자유무역 법안이 제정되게 된다(3문단 마지막 문장, 5문단 5번째 문장). 다만 문제가 되는 것은 보호무역 법안이 제정될 수 있는가 하는 것인데, 경우의 수를 따져봤을 때 가능성은 적으나 아예 불가능한 것은 아니다(4문단). 첫 번째는 보호무역주의자가 의회에서 2/3 이상의 의석수를 얻는 경우, 대통령의 거부권을 재심하여 보호무역 법안을 통과시킬 수 있다(4문단 5~7번째 문장). 두 번째는 보호무역주의자가 대통령이 되고, 의회의 중위값이 A^*를 뒤집을 수 있을 정도로 오른쪽으로 이동하는 경우이다(5문단 3번째 문장). 첫 번째의 경우에는 양당제가 강한 미국에서 한 당이 2/3 이상의 의석수를 얻는 것이 어렵고, 두 번째의 경우에는 보호무역주의자가 대통령이 되는 것이 어렵기 때문에 베일리는 이 두 가지 가능성이 이루어지는 것이 매우 어렵다고 예측하기는 했으나(4문단 마지막 문장, 5문단 마지막 문장), 아예 불가능하다고 한 것은 아니다. 따라서 RTAA 제정 이후에도 보호무역 법안이 제정될 수는 있다.

④ (×) 베일리의 공간모형은 1930년 이후의 상황이다(1문단 4번째 문장). RTAA 이전에는 외국의 관세는 고정되어 있기 때문에 [그림 1]에서 현 상태(Q)와 가로축이 평행한 방향으로 관세가 이동할 수밖에 없다(2문단 3~5번째 문장). 또한, RTAA 이전에는 관세 법안이 의회를 통과하기 위해서는 의회 중위값의 무차별곡선 위를 지나야 한다(2문단 2번째 문장). 따라서 현 상태(Q)에서 변화가 일어난다면 Q를 지나면서 가로축과 평행하면서 무차별곡선 위에 있는 Q-점으로의 변화밖에는 일어날 수 없다. 의회의 중위값이 대통령 선거 이후 대통령의 의사나 국민의 투표에 따라서 변화하여 오른쪽으로 크게 이동하였다면 스무트-할리법보다 높은 관세를 매기는 것이 가능할 수도 있다. 하지만 선지에서 의회의 구성이나 대통령이 변화하지 않았음을 가정하고 있기 때문에, 1930년 이후, RTAA 제정 이전에 스무트-할리법보다 높은 관세를 매기는 것은 불가능하다.

⑤ (×) 공화당이 의회의 다수당이고 대통령이 자유무역주의자인 경우, RTAA 제정 이후에는 대통령이 거부권을 행사하여 해당 법안의 재심이 필요하다(4문단 6~7번째 문장). 따라서 이 경우에는 공화당이 2/3 이상의 의석수를 갖추지 못하면 보호무역 법안이 통과될 수 없다. RTAA 제정 이전의 경우에는 의회가 관세를 제정하지만, 이 경우에도 역시 대통령은 법률안 거부권을 가지기 때문에 의회가 제정한 관세를 거부할 수 있다. 따라서 RTAA 제정 이전에도 대통령이 거부권을 행사하면 보호무역 법안 제정이 과반수로 충분하지 않다(일방적으로 관세를 제정한다는 것은 상대국가와의 관계에서 '일방적'인 것을 의미한다.).

(참고로, 실제로 스무트-할리법은 2/3에 못 미치는 찬성으로 통과되었으나 당시 대통령이 법률안 거부권을 행사하지 않았다.)

12. 정답 ④

접근방법

〈보기〉는 글의 마지막 문단에서 제시된 보호무역주의자 대통령이 실제로 등장한 경우의 사례를 제시하고 있다. 〈보기〉의 사례가 RTAA 하에서 어떻게 적용될지를 고려하여 문제를 풀자.

선택지 해설

① (○) 관세 인하 하한선을 설정하는 이유는 RTAA 하에서는 민주당 대통령이 관세 협상 과정에서 자신의 선호에 최대한 가까운 지점에서 외국의 무차별곡선과 맞추면(3문단 3번째 문장), 관세가 너무 낮아져 의회에서 의결되지 않기 때문이다(3문단 4번째 문장). 트럼프의 경우는 관세를 높이는 보호무역 정책을 펼치고 있기 때문에 대통령의 선호가 높은 관세에 가 있으므로, 관세 인하 하한선 설정의 의미가 없다.

② (○) 자유무역은 전국의 국민들에게 이득이 되고(5문단 4번째 문장), 통상 대통령은 보호무역에 비해 자유무역을 선호한다. 따라서 보호무역은 자유무역만큼의 전국 단위의 이익을 가져다주지 못하는 것으로 추론할 수 있다. 따라서 보호무역은 특정 산업에는 도움이 될 수 있어도, 다른 국민들에게는 관세를 높임으로써 피해를 가져다 줄 수 있다.

③ (○) 의회의 중위값은 대통령과 국민의 의사를 따라 조금 이동한다(5문단 2번째 문장). 따라서 2016년에 트럼프 선거와 동시에 하원의원 선거가 있었다면, 국민이 선출한 하원의원의 중위값도 대통령의 선호를 따라 오른쪽으로 조금 이동하였을 것이다.

④ (×) 트럼프 행정부가 등장하기 직전의 현 상태(Q)는 RTAA가 제정된 이후이므로 기존의 합의지점인 A^*이다(4문단 2번째 문장, 5문단 3번째 문장). 트럼프가 A^*를 뒤집는데 성공하더라도 RTAA 시스템 하에서는 일방적으로 관세를 정할 수는 없으므로 상대 국가와 협상을 해야 한다(3문단 2번째 문장). 상대 국가가 재협상을 한다고 해서 손해를 보려고 하지는 않을 것이기 때문에, 미국은 상대 국가의 무차별곡선을 벗어나는 정도의 관세를 부과할 수는 없다. 협상을 한다 해도, 기존 A^*를 지나는 상대 국가의 무차별곡선과 미국의 오른쪽으로 이동한 새로운 무차별곡선이 만나는 지점에서 협상이 이루어진다. 따라서 상대 국가의 기존 무차별곡선을 벗어나는 Q-보다 높은 관세를 부과하는 것은 일방적으로 관세를 부과하는 RTAA 제정 이전에서만 가능하다.

⑤ (○) 20세기의 대통령들은 적어도 외형적으로는 자유무역을 지지해 왔고(1문단 5번째 문장, 5문단 4번째 문장), 〈보기〉에 따르면 2016년 출범한 트럼프 행정부는 자유무역에서 보호무역으로 급선회하였다. 따라서 트럼프 대통령은 전임자들과 다른 모습을 보이고 있으며, 자유무역 기조에 강한 위협이 되고 있다.

[13~15] 인문

13. 정답 ②

선택지 해설

① (○) 바르트에 따르면, 비평의 역할은 작품의 언어적 체계의 유효성을 검토하는 것이며, 작품의 유효성의 검토란 문학 언어에 작용하는 규칙에 작품이 얼마나 '복종'했는가를 살피는 것이라 할 수 있다. 다시 말해, 작품의 의미를 해독하는 것이 아니라 그 의미를 완성시키는 규칙, 제약을 재구성하는 것이 비평이다(3문단). 따라서 그러한 비평을 작성하는 비평가의 임무는 작품을 기능의 체계로 취급하여 그 체계를 재구성하는 데 있다.

② (×) 피카르에 따르면 특정 극작을 해석하는 바르트의 오류는 비평가의 자의적인 선택과 규칙의 제정에서 비롯한다. 이에 대해 바르트는 비평의 객관성이 비평가의 객관성과 동일한 것으로 이해된다면, 비평가의 객관성이란 규정의 선택에 기인하지 않는다는 점을 분명히 한다(4문단). 다시 말해, 피카르의 비판에 대한 바르트의 반론은, 규정 선택의 자의성과 비평의 객관성은 상호 무관하다는 것이다. 분명 바르트는 규정 선택의 자의성을 부정적으로 보지 않았으나, 그렇다고 하여 바르트가 비평의 객관성을 확보하는 전제로서 자의성을 거론한 것은 아니다.

③ (○) 비평의 객관성이란 자명성이 아니라, 비평가가 선택한 모델을 적용하는 엄격성을 의미한다. 그러한 엄격성을 따를 때, 비평은 타당성과 논리성을 획득할 수 있다(5문단). 비평에는 필연적으로 주관성이 개입하지만, 바르트에 따르면 이러한 주관성은 내재적 분석의 척도를 엄밀하고 일관되게 적용할 때 비평의 특유한 객관성이 된다.

④ (○) 랑송주의는 문학은 '자명한 것'이며 그것이 그대로 드러날 수 있다는 믿음 하에 이를 규칙화하였다(4문단). 이와 달리, 바르트는 규정의 선택이 해석에 근간하고, 해석이 비평가의 주관성에 결부되어 있는 한 절대적으로 자명한 것, 절대적으로 객관적인 것이란 존재하지 않는다고 본다(5문단).

⑤ (○) 비평은 메타-언어로서 '담론에 대한 담론'이다(2문단). 바르트는 절대적 객관성이란 존재하지 않는다고 보므로(5문단), 비평은 과학적 실증의 영역이 아니다. 또한 바르트에게 비평이란 작품의 의미를 완성시키는 규칙, 제약을 재구성하는 것이며, 그 시대가 비평에 제공한 이데올로기-언어에 따라 작가가 완성한 논리적 제약의 형식 체계에 맞추는 형태적인 조작이다(3문단).

14. 정답 ⑤

선택지 해설

ㄱ. (○) 바르트에 따르면, 비평(가)의 객관성은 그가 선택한 모델을 그 대상에 엄격하게 적용하였는가의 여부에 달려 있다. 비평의 객관성이란 자명성이 아니라, 비평가가 선택한 모델을 적용하는 엄격성을 의미한다. 그러한 엄격성을 따르는 과정, 다시 말해 객관화를 추구하는 과정에서 비평은 타당성과 논리성을 획득할 수 있다(5문단). 그러므로 바르트가 동의할 진술이다. 이때, 객관화된 규범이 존재한다고 여기는 것과, 그러한 규범이 존재할 수 없음을 인정하면서도 최대한의 객관화를 추구하는 것은 다름에 유의해야 한다. 바르트는 전자는 거부하지만, 후자는 인정한다.

ㄴ. (○) 바르트는 절대적으로 자명하거나 객관적인 특정 규범(사전에 정해진, 지켜야 하는 특정한 규범)을 상정하고 그를 규칙화하는 랑송주의를, 자명한 것이란 '자명한 것으로 선택된 것'에 불과함을 이유로 비판하였다(4문단). 또한 바르트는 비평이 그 시대가 비평에 제공한 이데올로기-언어에 따라 작가가 완성한 논리적 제약의 형식 체계에 맞추는 형태적인 조작이며(3문단), 조리정연함을 확보한 비평만이 역사적이면서 실존적일 수 있다고 본다(5문단). 따라서 바르트가 동의할 진술이다.

ㄷ. (○) 바르트에 따르면, 규정의 선택은 해석에 근간하고, 해석은 비평가의 주관성에 결부되어 있으므로, 모든 작품에 일관하여 적용되는 절대적으로 자명한 기준은 존재하지 않는다(5문단). 이는 곧 선험적으로 존재하는 외적 기준을 충족하여야 객관성이 확보된다는 믿음이 거짓임을 의미한다(4문단). 비평은 보편성을 추구하는 과정에서 내적 조리정연함을 확보하는 것을 목표로 하는데(5문단), 외적 기준을 추구하는 한 이러한 목표는 달성될 수 없고, 다만 절대적 객관성을 향한 주관적 집착이 될 뿐이다. 따라서 바르트가 동의할 진술이다.

15. 정답 ④

접근방법

김현은 신비평 논쟁에 크게 영향을 받은 한국의 비평가로서, 바르트를 비롯한 1960년대 프랑스 신비평 이론가들의 비평 이론을 적극적으로 수용하였다. 〈보기〉의 (가)와 (나) 또한 바르트 이론에 대한 긍정적인 평가를 보여주는 김현의 글이라고 할 수 있다. 예컨대 (가)에서 등장한 객관성에 관한 평가는 바르트의 절대적 객관성이란 존재할 수 없다는 명제와 궤를 같이한다. 이러한 김현의 비평가로서의 자기 정체성을 고려하여 〈보기〉를 해석한다.

선택지 해설

① (○) (가)의 '나'는 객관성이란 주관적 오류가 최소한도로 줄어든 것에 다름 아니며, 추상적인 객관성이란 존재하지 않는다고 본다. 또한 '내 비평가'라는, 자신의 주관이 개입한 분석에 더 이상 아무런 저항감도 느끼지 않는다(〈보기〉).

② (○) (가)의 '나'는 자신이 분석한 비평가들이 '내 비평가들'이지, 객관적으로 존재하는 비평가는 아닐 수도 있음을 깨닫는다. 또한 '나'가 분석한 비평가들은 그들인 동시에 '나'다(〈보기〉). 규정의 선택은 해석에 근간하고, 해석은 비평가의 주관성에 결부되어 있으므로(5문단), '나'에게 즐김의 공간을 보여주는 바르트는 객관화 과정 속에서 '나'의 주관성이 투영된 바르트로, 실존하는 비평가로서의 바르트와는 차이가 있다.

③ (○) 비평은 그 시대가 비평에 제공한 이데올로기-언어에 따라 작가가 완성한 논리적 제약의 형식 체계에 맞추는 형태적인 조작이다(3문단). 비평에는 일관된 외적 기준이 있다기보다는, 개별 작품 각각에 맞춘 내적 체계만이 존재할 뿐이다. 바르트는 이러한 내적 체계에 기반해 작품을 비평하여야 한다고 보며, 김현 또한 바르트와 같은 입장을 견지한다(〈보기〉). 따라서 '연금술사들의 고독한 몽상'은 '이론 서적'으로 표상되는 외적 기준에서 벗어난, 개별 작품의 개별적 특성에의 몰두와 향유를 가리키게 된다.

④ (×) (나)의 화자는 '소박한 문학비평가로 남아 있고 싶다는 욕망'이 곧 '마음대로 오류를 범하고 싶다는 욕망'이라고 진술한다. 이는 화자

가 비평을 문학작품에 대해 마음대로 오류를 범하는 행위로 보는 동시에, 그 오류를 긍정적으로 조망한다는 것을 의미한다. 이는 곧 오류의 생산을 마다하지 않겠다는 것이며, 이때의 '오류'는 '이론 서적'보다는 '연금술사들의 고독한 몽상'에 가까운 일종의 주관성이다(〈보기〉). 김현 또한 바르트와 같이 절대적 객관성이 존재하지 않는다는 점에 동의하는 바, 오류를 절대적 객관성 그 자체로, 오류를 범하고 싶다는 욕망을 절대적 객관성 그 자체를 용인하겠다는 의미로 받아들이는 것은 자연스럽지 않다.

⑤ (○) 비평가로서의 자기 정체성은 비평에 대한 메타적 질문에 답함으로써 정립되며(1문단), 〈보기〉는 메타적 질문에 대한 김현의 답변을, 「비평이란 무엇인가」는 바르트의 답변을 각각 보여준다. 이를 통해 정립된, 객관성에 관한 김현의 비평가로서의 자기 정체성은 '절대적 객관성은 없으며, 비평은 주관성에서 자유로울 수 없고, 그러나 동시에 비평의 객관성은 객관화를 최대한으로 추구함으로써 달성될 수 있다("객관성이란 주관적 오류가 최소한도로 줄어든 것에 다름 아니다")'는 것으로 요약될 수 있는데(〈보기〉), 이는 바르트가 비평의 객관성에 관해 주장하는 바와 맥을 같이한다(5문단). 바르트 또한 절대적 객관성을 부정하고 비평이 주관성에서 자유로울 수 없음을 인정하면서도(4문단), 논리적 엄격성을 통한 비평의 객관성을 추구하기 때문이다(5문단).

[16~18] 인문

16. 정답 ⑤

접근방법

글의 내용과 명백히 모순되는 선지부터 소거하며 범위를 좁힌다.

선택지 해설

① (×) 재화는 미천한 사람을 기쁘게 할 수는 있으나 사대부의 마음을 권면할 수는 없다(2문단). 그래서 돈과 재물로 누구의 마음도 진정으로 사로잡을 수 없다는 것은 글의 내용과 일치한다고 보기 어렵다.

② (×) 조정의 인재 등용 관행에 문제가 있어 선비들이 능력을 갈고닦기를 게을리 하는 것을 우려하고 있다(2문단). 인과 관계가 거꾸로 된 것이므로 글과 불일치한다.

③ (×) 직품과 관등에 따라 승진하는 방안이 비판의 대상이듯이, 발탁으로만 채용하는 방안도 또 다른 문제가 있다(4문단). 두 방안 사이에는 우열이 나타나지 않으며, 단지 9등법을 추천하고 있을 뿐이다.

④ (×) 인간이 본성적으로 재물을 탐하는 경향이 있다고 볼 근거는 없으며, 오히려 재물을 탐하고 포학한 일을 사람들이 즐겨서 하는 것은 아니라는 취지의 진술을 찾아볼 수 있다(4문단).

⑤ (○) 우리나라에는 승진은 있고 강등은 없어서 또한 그 폐단이 크다고 나온다(6문단).

17. 정답 ④

접근방법

글의 정보로부터 큰 비약을 저지르지 않고 도출할 수 있는 선지부터 소거하며 접근한다.

선택지 해설

① (○) 탐관오리가 재물을 탐내어 백성을 착취하지만, 불행히 그 죄가 드러나더라도 파면에 그치고 만다는 당순지의 논평을 지지하고 있다(1문단).

② (○) 벌은 죽이는 것이 으뜸이고, 작위를 뺏는 것이 그 다음이라고 말하면서, 죄를 덮어주거나 일시 파면하는 데에 그치는 등 전반적으로 처벌이 가볍다고 비판하고 있다(3문단).

③ (○) 청빈함을 추구하다가 은덕을 받지 못하는 세태를 비판하고 있으며(4문단), 사람들이 착한 일을 하는 데에 사기가 저하된다고 나온다(2문단). 이보다는 부귀를 좇고(2문단), 작위를 지키기를 중시하는 경향(3문단)이 두드러진다고 할 수 있다.

④ (×) 똑같이 죄를 지었어도 담당 관리에게 청탁하여 무죄로 벗어나거나 가벼운 벌만 받고, 형벌은 소원한 미관말직에게만 가할 뿐이라는 언급이 나온다(3문단). 이는 주로 고관으로 벼슬하는 명문가 집의 자제를 염두에 둔 대목이며, 조정에 나아간 모든 관리에게 해당되는 이야기가 아니다. 특히 미관말직에게는 형벌이 그대로 가해졌음을 알 수 있다.

⑤ (○) 시종일관 직품과 관등에 따라 사람을 등용하고 승진시키면서 발생하는 문제점을 지적하고 있고(1문단, 4문단), 그 대안으로 고과를 따지는 방안을 제시하고 있으므로(5문단), 전자가 후자보다 흔하다고 추론할 수 있다.

18. 정답 ③

접근방법

글에 각각의 케이스를 나누어 구체적으로 어떻게 고과를 평가하고 상벌을 주어야 하는지가 나온다. 이를 바탕으로 사례에 대입한다.

선택지 해설

ㄱ. (○) 정2품인 A는 당상관으로, 의정부가 고사를 주관하여 상벌을 정한다(6문단). 9등법을 시행하므로, 1년에 상하, 상중을 받았다면 상상과 똑같이 등용하도록 한다(5문단). 그렇다면 승진 대상에 해당한다.

ㄴ. (×) 종5품인 B는 당하관인데, 소속 장관인 이조 판서에게만 고과를 받은 것은 옳지만, 사헌부와 사간원의 관리에게 고사를 받지 않은 점은 부적절하다(6문단).

ㄷ. (○) 종4품인 C는 당하관으로, 속한 육조 장관이 고과를 평가하고, 사헌부 및 사간원의 관리가 각각 고사하되 각기 고사한 등급이 같지 않을 경우 하를 따르도록 한다(6문단). 상상, 중상, 하상을 받았다면 등급이 같지 않은 경우이므로 하를 받아서 승진하지 못한다.

[19~21] 사회

19. 정답 ③

접근방법

소득이전을 통한 소득재분배의 기본적 가정과 정책의 의의 및 실행 조건 등을 올바르게 이해한다.

선택지 해설

① (×) "이러한 메커니즘의 제도화를 위해서는 자신의 소득이 타인의 소득으로 이전되는 것에 대해 경제적 강자의 동의가 전제되어야 한다(5문단)."에 의하면, 국민 대부분이 동의하더라도 경제적 강자의 동의가 없다면 정책을 시행할 수 없다.

② (×) 전통적인 시장실패이론에서 주력하지 못했던 경제적 불평등을 개선하는 과업은 재정의 구조와 규모 설정에 있어 핵심이기는 하지만, 이 정보만을 가지고 전통적 시장실패이론이 재정의 구조에 관심을 두지 않았다고 추론할 수는 없다(1문단).

③ (○) 소득이전에 의한 소득재분배는 '형평성의 기준에서 출발한 소득

이전장치가 효율의 증진에 기여'하는 것으로 형평에 어긋나지 않는다(3문단).

④ (×) 첫 번째 가정에 의하면 소득의 증가가 구성원들의 사회적 가치를 늘 증가시킨다(2문단).

⑤ (×) 이러한 과업 역시 이론적 논쟁으로는 결실을 맺을 수 없고 국민과 대의기구의 정치적 선택의 몫으로 남겨두는 것이 방법이다(4문단).

20. 정답 ②

접근방법

소득이전에 의한 소득재분배와 관련된 두 가지 관점에 대해 이해하고 각 관점의 차이점과 공통점을 인식한다.

선택지 해설

① (○) 높은 소득을 올리는 경제적 강자로부터 한 단위의 소득을 경제적 약자에게 이전시키는 것은 사회적 총가치를 증가시키기 때문에 개인의 소득감소를 통해 전체의 가치증대를 가져올 수 있다(2문단).

② (×) ㉠은 소득이전에 의한 소득재분배가 가치증대의 측면에서 효율적이라는 것이지 생산을 제약하지 않는다고 주장하지는 않기 때문에 해당 사항을 추론해낼 수는 없다.

③ (○) 일정한 소득의 증가에 따른 사회적 총가치의 증가는 소득의 수준이 높을수록 적다는 점에서 같은 금액의 증가에 대해 느끼는 사회적 가치가 개인의 소득에 의존함을 알 수 있다.

④ (○) ㉡에 따르면, 시스템이 시장의 효율을 제약함으로써 성장잠재력을 훼손하고 국민경제의 성장을 제약하며, 이는 사회의 생산을 제약하는 요소로 작용할 수 있다는 주장이다(4문단).

⑤ (○) ㉠은 사회적 총가치의 측면에서의 효율성, ㉡은 시장의 효율성 측면에서 주장을 전개하고 있다(3~4문단).

21. 정답 ②

접근방법

글에 제시된 메커니즘에 대한 이해를 바탕으로 그림을 이해하여 각 선지의 정오를 판단한다.

선택지 해설

① (○) '적정 소득재분배' 지점은 이론적 논쟁으로는 결실을 맺을 수 없고 국민과 대의기구의 정치적 선택의 몫으로 남겨두는 것이 방법이다(4문단).

② (×) 〈보기〉의 그림은 볼록한 모양으로, 구성원들이 어디에 위치하고 있느냐에 따라 사회적 총가치는 달라진다. 모든 구성원의 소득의 합이 큰 국가가 반드시 사회적 총가치가 크다고 단정할 수 없다. 예컨대 A, B의 소득을 각각 갖는 두 구성원으로 구성된 사회보다 (A+B)/2에 조금 못 미치는 소득을 동일하게 갖는 두 구성원으로 구성된 사회가 소득의 합은 작지만 사회적 총가치는 클 수 있다.

③ (○) C국은 甲과 乙만 존재하며, 두 구성원의 소득이 같아지기 전까지는 甲의 사회적 가치 증가분이 乙의 사회적 가치 감소분보다 클 것이므로 옳다.

④ (○) 모든 구성원의 소득이 같다면 소득이전을 할 경우 소득을 얻는 구성원의 사회적 가치 증가분이 소득을 잃는 구성원의 사회적 가치 감소분보다 작다.

⑤ (○) a와 b 사이의 길이와 c와 d 사이의 길이 간 차이는 경제적 강자에게서 비롯된 사회적 가치의 감소분보다 경제적 약자가 얻는 사회적 가치의 증가분이 더 크다는 사실을 의미한다(2문단).

[22~24] 과학기술

22. 정답 ①

선택지 해설

① (×) '흑연에서 그래핀의 쌓임은 정전기에 의한 것으로서' 공유 결합과 다르다(마지막 문단). 흑연은 그래핀과 그래핀의 공유 결합으로 형성되어 있다는 선지는 적절하지 않다.

② (○) '다이아몬드에서 탄소 원자는 이웃한 4개의 탄소 원자와 각각 시그마 결합'을 이루고 있다(4문단). 또한 다이아몬드는 파이 결합이 없어 전기 전도성이 거의 없다. 따라서 '다이아몬드의 어떤 원자도 파이 결합을 가지고 있지 않다'는 선지는 적절하다.

③ (○) 흑연, 그래핀, 다이아몬드는 동소체이다(1문단). '동소체란 한 종류의 같은 원자로만 이루어졌으나 원자 배열이 다른 물질'을 말한다. 흑연, 그래핀, 다이아몬드는 탄소 동소체이며, 4~ 6문단에서 탄소 원자가 언급된 것을 보아, 탄소로만 이루어진 동소체임을 알 수 있다.

④ (○) 공유 결합이란 두 원자가 각각 전자 1개씩을 공유하여 전자쌍을 이룰 때 형성되는 결합을 말한다(2문단). 그리고 공유 결합에는 시그마 결합과 파이 결합 두 가지가 있다(3문단). 따라서 시그마 결합과 파이 결합에서 필요한 전자 수는 2개로 동일할 것이다.

⑤ (○) 그래핀이 층층이 쌓인 구조가 흑연이다. 흑연 층들은 잘 분리되기 때문에 물리적 강도는 그래핀보다 약하다(마지막 문단). 그런데 항공 우주, 자동차 같은 분야에서 활용되기 위해서는 물리적 강도가 매우 뛰어나야 한다(5문단). 따라서 그래핀이 층층이 쌓인 구조의 물질이라면 원래의 그래핀보다 항공 우주, 자동차 같은 분야에서 덜 활용될 것이다.

23. 정답 ⑤

선택지 해설

① (×) 오비탈이 겹치는 형태에는 시그마 결합과 파이 결합 두 가지가 있다(3문단). 파이 결합은 결합이 끊어지면서 전자가 원자로부터 쉽게 이탈하는 현상이 쉽게 일어나므로 파이 결합을 지닌 물질은 시그마 결합만 지닌 물질과 달리 전기 전도성을 지닌다. 잘 끊어지지 않는 공유 결합은 시그마 결합에 해당하며, 시그마 결합이 많은 물질일수록 전기 전도성은 낮게 될 것이다.

② (×) '파이 결합은 겹치는 영역이 두 군데로 분산되어 있기 때문에 전자 밀도가 낮아 결합의 세기가 약하다.'라고 제시되어 있다(3문단). 따라서 오비탈이 겹치는 영역이 여러 군데로 분산될수록 전자 밀도는 더욱 낮아져 공유 결합의 세기는 약해질 것이다.

③ (×) 양자 역학은 전자의 위치를 특정할 수 없다는 것을 전제하므로(2문단), 양자 역학으로 공유 결합을 설명하는 경우에도 전자의 위치를 특정할 수 없다고 전제할 것이다. 오비탈은 양자 역학 개념이므로 '오비탈의 겹침으로 공유 결합을 설명하면 전자의 위치를 정확하게 파악할 수 있다'라는 선지는 적절하지 않다.

④ (×) '그래핀에서 탄소 원자는 한 탄소 원자와는 시그마 결합과 파이 결합을, 다른 두 탄소 원자와는 시그마 결합을 형성한다(3문단).' 한편 흑연은 '그래핀이 층층이 쌓인 구조'이다(마지막 문단). 따라서 그래핀과 흑연에서 탄소 원자는 모두 이웃한 원자와 동일하게 공유 결합을 하고 있다. 흑연과 그래핀의 성질이 다른 이유는 정전기 때문이다. 정전기에 의해 그래핀이 쌓여 흑연이 되고, 이는 물리적 강도와 전기 전도성을 변화시킨다(마지막 문단).

⑤ (○) 다이아몬드의 탄소 원자가 형성하는 공유 결합의 수는 4개이다(4문단). '다이아몬드에서 탄소 원자는 이웃한 4개의 탄소 원자와 각각 시그마 결합'을 하기 때문이다. 한편 그래핀의 탄소 원자가 형성하는 공유 결합의 수는 총 4개이다(5문단). 한 탄소 원자와는 시그마 결합과 파이 결합으로 2개의 결합을, 다른 두 탄소 원자와는 1개의 시그마 결합을 각각 형성하기 때문이다. 따라서 다이아몬드의 탄소 원자가 형성하는 공유 결합 수와 그래핀의 탄소 원자가 형성하는 공유 결합 수는 같다.

24. 정답 ③

선택지 해설

① (○) 그래핀은 탄소 원자 간의 공유 결합 때문에 물리적 강도가 매우 뛰어나다.(5문단). 그런데 그래핀과 동일하게 풀러렌은 이웃한 한 탄소 원자와는 시그마 결합과 파이 결합을, 다른 두 탄소 원자와는 시그마 결합을 형성한다(5문단, 〈보기〉). 따라서 풀러렌 역시 그래핀과 마찬가지로 물리적 강도가 매우 뛰어날 것이다.

② (○) 파이 결합을 지닌 물질은 시그마 결합만 지닌 물질과 달리 전기 전도성을 지닌다(3문단). 풀러렌과 카바인 모두 파이 결합을 지니고 있으므로(〈보기〉) 전기 전도성을 가지고 있을 것이라고 추론할 수 있다.

③ (×) 공유 결합의 개수가 많을수록 결합의 세기는 강해지며 두 원자 간의 거리는 짧아진다(2문단). 다이아몬드에서 탄소 원자는 이웃한 4개의 탄소 원자와 각각 시그마 결합한다(4문단). 한편 카바인은 인접한 두 탄소와 시그마 결합과 파이 결합을 하고 있다(〈보기〉). 따라서 카바인에서의 탄소 원자 간 결합은 다이아몬드에서의 탄소 원자 간 결합보다 강하다. 카바인의 탄소 원자는 이웃한 탄소 원자와 시그마 결합에 더해 파이 결합까지 하고 있기 때문이다.

④ (○) 카바인은 '탄소 원자가 일렬로 연결된 1차원 구조의 물질'이므로(〈보기〉), 이를 일렬로 조밀하게 배열한 물질은 그래핀과 같은 얇은 평면이 될 것이다. 따라서 카바인을 일렬로 조밀하게 배열한 평면 물질 역시 에너지 저장 장치로 유용하게 사용될 수 있을 것이다.

⑤ (○) 〈보기〉에 따르면 풀러렌은 이웃한 한 탄소 원자와는 시그마 결합과 파이 결합을, 다른 두 탄소 원자와는 시그마 결합을 형성한다(〈보기〉). 즉, 이웃한 모든 원자와 시그마 결합을 하고 있다. 따라서 풀러렌과 다이아몬드에서의 탄소 원자는 모두 이웃한 원자들과 시그마 결합을 하고 있음을 알 수 있다.

[25~27] 인문

25. 정답 ①

접근방법

글의 내용과 하나씩 대조하며 명백한 오선지를 걸러낸다.

선택지 해설

① (○) 맥도웰은 헤겔을 개방적 자연주의자로 읽는 독해의 시초가 되었으며(1문단), 이에 대해서는 개방적 자연주의가 엄밀한 의미에서 자연주의라고 할 수 있는가 하는 비판이 제기되었다(4문단). 이 비판이 말하는 대로 개방적 자연주의가 엄정한 의미의 자연주의가 아니라면, 맥도웰에서 기원하는 자연주의적 헤겔 독해는 설득력을 잃는다.

② (×) 헤겔 철학은 정신이 자연보다 우위에 있다고 본다(5문단).

③ (×) 헤겔의 정신 개념은 죽어 있는 존재가 아니라 운동하는 실재이지만(5~6문단), 이때 정신이 취하는 반성의 형태는 부정적 관계 속에서 이루어진다(6문단).

④ (×) 자연주의적 헤겔 독해는 정신과 자연의 변증법적 관계를 간과하였기 때문에, 혹은 헤겔이 정신을 자연보다 우위에 두고 자연으로 환원되지 않는 실재로 보기 때문에 실패한다(5~6문단). 독일 관념론과 자연주의의 부조화 때문이라고 볼 근거는 없다.

⑤ (×) 인간의 규범적 영역을 이성의 영역으로 보고 제1자연과 대립하는 것으로 보는 개방적 자연주의는 잘못된 길을 간 것이다(6문단). 그러나 이를 바탕으로 인간의 규범적 영역이 이성의 영역에 속하면서 동시에 제1자연에 속하는 영역이라고 볼 근거는 없다.

26. 정답 ⑤

접근방법

각각의 입장에서 제시하는 헤겔 해석에 비추어 직접적 근거를 찾을 수 있거나 개연성이 있는 판단만을 정선지로 판별한다.

선택지 해설

ㄱ. (○) 테스타는 헤겔에게 영혼과 신체는 상이한 종류의 사물이나 실체가 아니라 동일한 주체를 가리킨다고 보면서, 자연은 모든 실재를 포괄하는 유일한 실재이고, 정신은 그것의 한 측면일 뿐이라는 것이 헤겔의 입장이라고 풀이한다(3문단). 이 해석에서는 영혼과 신체를 비이원론적으로 바라보므로, 신체가 자연의 일부인 이상 영혼도 자연의 일부일 수밖에 없다. 또한 정신은 자연의 한 측면에 불과하므로 자연보다 우위에 있을 수 없다.

ㄴ. (○) 스톤은 자연주의의 한 가지 특징으로 초자연적 실재에 대한 불신을 들면서 헤겔을 자연주의자로 본다(4문단). 스톤의 해석에 따르면 헤겔은 초자연적 실재의 존재를 신뢰하지 않는 셈이다. 그런데 정신은 헤겔의 핵심 개념이므로(5~6문단), 정신을 초자연적 실재로 본다면 헤겔 스스로 자신의 핵심 개념을 신뢰하지 않는다는 결론이 나온다. 따라서 스톤의 해석에서는 거꾸로 정신을 초자연적 실재로 보지 않는 것이 헤겔의 생각이라고 봄이 타당하다.

ㄷ. (○) 비판자들에 따르면 헤겔은 자연 존재자들은 독립적으로 존재하고, 전체로서 하나의 유기적 통일성을 갖지 않는다고 본다. 반면 정신의 특징은 변증법적 통일성에 있고, 정신은 자연으로 환원되지 않는 실재이다(5문단).

27. 정답 ④

접근방법

과학적 자연주의와 개방적 자연주의에 대해 주어진 정보를 바탕으로 각 명제에 어떤 입장을 취할지를 판단한다.

선택지 해설

① (○) 과학적 자연주의에 따르면 자연은 사건이 상호 인과 관계를 이루는 폐쇄된 시공간계이다(2문단). 그러므로 자연 내의 사건을 일으키는 원인은 반드시 자연 안에서 찾아야 한다고 볼 것이다.

② (○) 개방적 자연주의는 경험과 교육을 통해 인간이 제1자연에서 제2자연으로 변모한다고 본다(2문단).

③ (○) 인간의 인식을 가능하게 하는 조건은 선험적으로 형성된다는 점에 개방적 자연주의는 동의하지 않는다(2문단).

④ (×) 과학적 자연주의는 자연이 유일한 실재이며 또한 모든 실재는 자연이라고 보므로(2문단), 어떤 것이 실재라면 그것은 반드시 자연적 실재라는 데에 동의할 것이다. 개방적 자연주의는 제2자연의 영역을 인정하며, 이는 자연 개념을 확장한 것이다(2문단). 그러므로 개방적

자연주의는 여전히 초자연적 실재를 인정하지 않으며, 다만 자연적 실재의 범주를 확장하는 이론에 해당한다.

⑤ (○) 과학적 자연주의는 그 방법론적 주장에 따라 자연과학적 방법을 적용할 수 있는 대상만이 철학적으로 탐구되어야 한다는 것에 동의할 것이다(2문단). 그러나 개방적 자연주의는 과학적 자연주의와 달리 인간의 규범적 영역도 포괄하는 자연주의 모델이다. 그러므로 해당 명제에 동의하지 않을 것이라고 보는 것이 개연성이 있다.

[28~30] 규범

28. 정답 ⑤

선택지 해설

① (×) 판사는 판결을 내리기 위해 법률을 활용한다. 하트는 법률에 일정한 가치가 내재되어 있다고 보았지만, 이러한 가치가 반드시 도덕적인 것일 필요는 없다고 보았다. 그러나 이것이 법률을 활용한 판사의 판결이 가치 판단과 관련이 없어야 한다는 것은 아니다(4문단).

② (×) 하트가 옹호하고자 했던 것은 라드부르흐가 비판했던 실증적인 법 이해일 뿐, 전범 재판 당시 판사의 결정을 옹호하고자 했던 것은 아니다(2문단).

③ (×) 하트가 법 개념의 본질을 행위자의 승인에서 찾은 것은 맞지만(2문단) 불명료한 법적 용어를 마주한 판사의 경우에는 선택을 통한 재량을 발휘해야 한다고 보았다(3문단).

④ (×) 풀러에 의하면 법의 충실성은 법 자체가 내적인 정합성을 갖추어야 달성될 수 있는데, 이러한 정합성은 신학적 교리 혹은 공리와는 다르다(5문단).

⑤ (○) 풀러에게 있어 법은 사회 구성원의 '협력적인 활동'을 가능하게 해주는 '기능하는 법'이다. 따라서 이러한 법률을 적용하는 판사 역시 법률의 기능적 측면을 고려해야 한다(5문단).

29. 정답 ⑤

선택지 해설

① (○) 하트는 언어적 모호성이 발생하는 상황에서는 판사의 선택이 개입되어야 한다고 보았다(5문단).

② (○) 풀러는 법률을 사회적으로 실효성을 가지기 위해 '법 자체의 충실성'을 가져야 함을 강조했으며, 따라서 법 해석 역시 이러한 충실성이 준수되도록 이뤄져야 한다고 볼 것이다(5문단).

③ (○) 풀러는 법률 언어에 대한 독립적 분석과 범주화 작업에 매몰되는 것을 경계했고 하트 역시 언어적으로 모호한 상황에서 법관의 선택이 개입될 수 있다고 보았다(3문단, 5문단).

④ (○) 하트는 법적 본질을 '행위자의 승인', 즉 행위자의 수락에서 찾았다(2문단).

⑤ (×) 라드브루흐가 '법률적 불법 테제'를 내세운 것은, 법을 실증적으로 이해하고자 하는 당시의 교육 과정을 비판하기 위해서였다. 라드브루흐는 법에 대한 판단에 있어 도덕적 고려가 배제되어서는 안 된다고 보았다(1문단).

30. 정답 ①

선택지 해설

① (×) 하트에 따르면 법 개념의 본질은 '행위자의 승인'이며 법이 성립하고 우리가 이에 복종하는 것은 우리가 스스로 그러한 법의 준수를 의무로서 수락하기 때문이다. 따라서 법률가의 권한에서 법 개념의 본질을 찾는다는 것은 하트의 입장에서 옳지 않다(2문단).

② (○) 풀러에 따르면 법은 사회 구성원의 '협력적인 활동'을 가능하게 하는 '기능하는 법'이어야 한다. 전범 재판에서의 법관의 결정이 이러한 '협력적 활동'을 못하게 한다면 제대로 된 '작품'이 아니다(5문단).

③ (○) 풀러는 법의 '내적인 도덕성'을 강조했으며 이는 법 안에 내재된 것이라고 보았다. 따라서 법률가의 역할은 법의 내적 도덕성을 구현함으로써 '작품' 안에 법률 내적인 가치를 실현하는 것이다(5문단). 법적용의 결과마저도 법의 일부로 볼 수 있기 때문이다.

④ (○) 〈보기〉에 따르면 법관의 모방, 즉 허구적 활동은 민주적 정당성을 지닌 국민들의 지지를 받을 만큼 카타르시스를 주는 것이어야 한다.

⑤ (○) 라드부르흐에 따르면 나치에 협조한 법관의 판결은 악법에 대한 직관적 대응을 하지 못한 것으로, 〈보기〉에 따르면 이는 민주적 정당성을 지닌 국민들의 지지를 받을 만큼 카타르시스를 주지 못하는, 즉 조건을 충족하지 못한 모방을 한 것이다.

제2교시

추리논증

성명		수험 번호	

제8회

정답 및 해설

1	⑤	2	③	3	①	4	④	5	⑤
6	⑤	7	⑤	8	⑤	9	③	10	④
11	②	12	⑤	13	③	14	③	15	①
16	①	17	④	18	①	19	②	20	③
21	④	22	③	23	②	24	③	25	①
26	⑤	27	②	28	②	29	③	30	④
31	③	32	③	33	④	34	③	35	⑤
36	⑤	37	⑤	38	②	39	③	40	②

1. 정답 ⑤

선택지 해설

ㄱ. (○) A에 따르면 태아가 살아서 출생하면 태아에게 손해배상 청구권이 주어지고, 사람이 사망하면 모가 권리를 상속받고, 갑이 출생했으므로 갑은 사람이다. 따라서 사람인 갑이 사망하면 그 권리는 모에게 상속되므로 갑의 모는 X에게 손해배상을 청구할 수 있다.

ㄴ. (○) B에 따르면 태아가 손해를 입은 시점에 태아에게 손해배상 청구권이 발생하고, 이후 태아가 사산되면 그 청구권이 소멸된다. 그러므로 Y의 과실로 태아인 을에게 손해가 발생한 경우 을의 모가 그 손해에 대한 손해배상을 청구할 수 있다. 그리고 행사된 청구권에 따른 의무는 소멸되지 않으므로 일단 을의 모가 손해배상 청구권을 행사했다면 이후 을이 사산되었더라도 Y는 그 손해를 배상해야 한다.

ㄷ. (○) A의 경우 살아서 출생하면 그 시점에 손해배상 청구권이 발생하고, B 역시 태아 상태에서 손해배상 청구권이 발생하므로 병이 살아서 출생했다면 병은 Z에게 자신이 입은 손해에 대한 손해배상 청구권을 행사할 수 있다.

2. 정답 ③

선택지 해설

ㄱ. (○) 〈주장〉에 따르면 양심은 양심형성의 자유와 양심실현의 자유로 구분되는데 양심에 따라 행동하는 자유인 양심실현의 자유는 헌법에 반하는 경우 법률에 의해 제한될 수 있다. 그러므로 이 같은 자유가 법률에 의해서 제한될 수 없다는 선택지는 〈주장〉을 반대하는 논거가 될 수 있다.

ㄴ. (○) 〈주장〉에 따르면 자신의 양심을 형성하거나 표현하는 것은 타인에게 어떠한 영향도 주지 않기 때문에 그 자유에 어떠한 제한도 없고 그렇기 때문에 법률로서 그것을 제한할 수 없다. 그러므로 안전벨트를 매지 않는 것이 타인에게 어떠한 영향도 주지 않지만 법률로서 그 행위를 제한할 수 있다면 이는 〈주장〉을 반대하는 논거가 된다.

ㄷ. (×) 〈주장〉에 따르면 양심에 따라 병역을 거부하는 것이 타인의 기본권이나 공공복리와 같은 헌법적 가치와 충돌하는 경우에는 법률로서 제한이 가능하고, 병역의무가 양심에 반하는 것이 A법 제1조에서 말하는 정당한 사유가 아니므로 양심에 따라 병역을 거부하는 것은 헌법적 가치와 충돌하는 것이다. 그러나 선택지에서는 헌법적 가치와 충돌이 아닌 물질적 손해를 언급하고 있으므로 〈주장〉에 대한 반대 논거로서 적절하지 않다.

3. 정답 ①

선택지 해설

ㄱ. (○) 을에 따르면 예술 활동이란 사람이 미적 작품을 형성하려는 의도를 가지고 한 창작 활동에 의해 미적 작품이 만들어지고 그것이 대중에게 공개되는 과정이 예술 활동이라고 본다. 그러므로 로봇이 만든 작품은 인간이 만든 작품이 아니므로 예술 활동에 따른 결과물이 아니다. 따라서 을은 해당 작품을 사전 검열하는 것이 허용된다고 볼 것이다. 따라서 을은 선택지의 내용에 동의하지 않는다.

ㄴ. (×) 갑은 미적 작품을 형성하겠다는 의지를 가지고 그러한 작품을 만들기 위해서 하는 창작 활동만이 예술 활동이 될 수 있고, 이 같은 창작 활동을 통해 만들어진 결과물이 미적 작품이라고 본다. 그런데 어떤 활동을 통해 형성된 결과물이 타인에게 피해를 줄 수 있다면 그 활동은 예술 활동이 아니다. 따라서 갑은 선택지의 내용에 동의할 것이다. 을의 경우 예술 활동이란 사람이 미적 작품을 형성하려는 의도를 가지고 한 창작 활동에 의해 미적 작품이 만들어지고 그것이 대중에게 공개되는 일련의 과정을 예술 활동으로 보고 있으므로 미술 작품이 공개되지 않은 경우 그 활동은 예술 활동이 될 수 없다. 따라서 을은 선택지의 내용에 동의할 것이다.

ㄷ. (×) 갑에 따르면 미적 작품을 형성하겠다는 의지를 가지고 그러한 작품을 만들기 위해 하는 창작 활동을 통해 만들어진 결과물이 미적 작품이고, 그러한 창작 활동만이 예술 활동이 될 수 있다. 그러므로 예술 활동을 통해 만들어진 결과물은 결국 미적 작품일 수밖에 없다. 따라서 미적 작품이 아닌 것은 예술 활동이 아니고, 예술 활동이 아닌 것을 사전에 검열하는 것은 허용되므로 갑은 선택지의 내용에 동의하지 않을 것이다. 병의 경우 예술 활동이란 인간의 창작 활동을 통해 어떠한 작품을 형성하는 과정이라고 했으므로 그 작품은 미적 작품이 아닐수도 있다. 따라서 병은 예술 활동을 통해서 만들어진 작품(예술 활동으로 인해 만들어진 결과물)을 사전 검열하는 것은 S에 따라 허용되지 않을 수도 있다는 것에 동의할 것이다.

4. 정답 ④

선택지 해설

ㄱ. (×) A는 자신이 소유한 물건을 권한이 없는 타인이 불법으로 가져감으로 인해 소유자가 물건의 점유권을 빼앗긴 경우에 한해서 행사할 수 있는 청구권이다. 그러나 선택지에서 을은 갑의 허락 없이 불법으로 갑의 점유권을 빼앗았지만, 토지를 가져간 것이 아니라 그 위에 조형물을 세웠으므로 A에 해당하지 않는다. A는 가져갈 수 있는 동산에 한정된 청구권이다.

ㄴ. (○) B는 소유자가 소유권을 방해하는 자에 대하여 그 방해의 제거를 청구할 수 있는 권리로서 물건의 소유권이 현재 방해받고 있어야 한다.

그리고 소유권이 방해받는 원인이 타인이 소유한 물건에 있다면 행사할 수 있다. 그러므로 병 소유의 농지에 정의 고의나 과실 없이(태풍으로 인해 정 소유의 나무가 병 소유의 토지에 날아 들어옴) 정 소유의 나무가 원인이 되어 병이 농지에 농작물을 심을 수 없는 상태(사용을 방해받는 상태)가 되었다면 병은 정을 상대로 B를 행사할 수 있다.

ㄷ. (○) C는 소유권이 방해받을 염려가 있는 경우에 행사할 수 있는 청구권으로서 무의 건물철거 작업으로 인해 기 소유의 주택 중 일부가 건물 더미에 묻혀서 사용할 수 없게 될 염려가 있는 경우 기는 무에게 C를 행사할 수 있다.

5. 정답 ⑤

선택지 해설

ㄱ. (○) 갑이 2020년도에 65세가 되면 갑은 2020년도부터 일반연금 수령이 가능하고 제1조 제2항에 따라 배우자와 혼인을 종료한 날이 포함되는 해까지 부양가족연금을 수령하는데 갑은 2021년 2월 1일까지 혼인관계를 유지했으므로 갑은 2020년도와 2021년도에는 제조에 따른 부양가족연금도 받을 수 있다. 제1조 제2항에 따라 전년도 평균소득월액 300만 원에 4/3을 곱한 400만 원에 10년이 초과되는 경우 추가되는 금액 120만 원을 더한 520만 원이 기본연금액이 된다. 제2조에 따라 갑은 2020년도와 2021년도에는 520만 원에 50만 원을 더한 570만 원을 각각 수령하고, 2022년도에는 520만 원을 수령한다. 따라서 갑은 2022년까지 총 1,660만 원의 일반연금을 받을 수 있다.

ㄴ. (○) 병은 2019년도에 65세가 되었으므로 병은 2019년도부터 2022년까지 총 4년간 일반연금을 받을 수 있다. 5년 간 일반연금에 가입한 경우 제2조 제2항 제2호에 따라 기본연금액의 1/2에 해당하는 금액을 받으므로 2018년 평균소득월액이 600만원이었던 병의 기본연금액은 제1조 제1항에 따라 800만 원이고, 해당 금액의 1/2를 4년간 받는다. 따라서 병은 2022년까지 총 1,600만 원의 일반연금을 받을 수 있다.

ㄷ. (○) 병이 2019년도 이전까지 7년간 일반연금에 가입했고 2018년 평균소득월액이 150만 원이라면 병의 기본연금액은 200만 원이고, 해당 금액의 절반인 100만 원에 2년 초과분에 해당하는 40만 원을 합한 140만 원을 5년간 받는다. 따라서 병은 2023년까지 총 700만 원의 일반연금을 받는다.

6. 정답 ⑤

선택지 해설

ㄱ. (○) A에 따르면 신체를 자유롭게 사용할 수 있는 상태에 있고 특정 장소에서 벗어나는 것이 불가능한 경우에만 감금죄로 처벌된다. 정의 행위로 병이 창고에서 탈출하는 것이 불가능하고, 병은 작업을 하고 있으므로 신체를 자유롭게 사용할 수 있는 상태에 있다. 그러므로 A에 따르면 정은 감금죄로 처벌된다. 그러므로 선택지의 내용은 A를 강화한다.

ㄴ. (○) ㉠이 을이 상해를 입지 않고 옥상에서 내려올 수 있는 유일한 수단인 경우 갑의 행위로 인해 을은 신체에 대한 손상(상해)를 입지 않고서는 옥상에서 내려올 수 없게 되었으므로 이 경우 B에 따르면 을은 감금 상태에 있다.

ㄷ. (○) A에 따르면 감금된 사람이 신체를 자유롭게 사용할 수 있는 상태에 있는 경우에만 감금죄로 처벌된다. B에 따르면 감금된 사람이 그 상태를 벗어날 의도가 있는 경우에만 감금죄로 처벌된다. 을이 잠을 자고 있는 동안에는 신체를 자유롭게 사용할 수 있는 상태가 아니고, 감금 상태를 벗어날 의도가 있었다고도 볼 수 없다. 따라서 이 경우 A와 B 모두 갑을 감금죄로 처벌할 수 없다고 볼 것이다. 따라서 선택지의 내용은 A와 B를 모두 약화한다.

7. 정답 ⑤

선택지 해설

ㄱ. (○) 제1조에 따라 10인 이상의 소속위원을 보유한 정당은 하나의 협의체가 되므로 P, Q, R은 각각 하나의 협의체가 된다. 개별 협의체의 최소인원은 10명인데, 협의체나 당에 소속되지 않은 위원은 33명이므로 협의체는 최대 6개가 될 수 있다.

ㄴ. (○) 민회와 상임회의 의결에는 재적위원 과반수의 출석과 출석위원 과반수의 찬성이 필요하므로 150명의 민회 의원 중 76명이 출석하고 이중에 39명이 S에 찬성하는 경우 S는 민회에서 의결될 수 있다. 찬성하는 39명이 R당이 될 수 있으므로 R당 소속 위원들만 S에 찬성해도 S는 민회에서 의결될 수 있다. 제2조에 따라 R당 소속 상임위원은 총 8명이 된다. 만약 어느 협의체나 당에도 소속되지 않은 33명이 협의체를 구성하지 않으면 상임위원은 총 23명(P당 8명, Q당 7명, R당 8명)이 된다. 이중 12명이 참석하고 이들 중 R 당 소속 상임위원 8명이 찬성하면 S는 정책으로 채택된다.

ㄷ. (○) 앞서 설명한 대로 상임위원은 최소 23명이 될 수 있고 이중 Q당에 소속된 상임위원은 7명이다. 만약 23명 중 12명이 참석하고, 이들 중 7명이 S에 찬성하는 경우 찬성한 7명이 Q당 소속 상임위원이라면 S는 상임회를 통과하므로 정책으로 채택된다.

8. 정답 ⑤

선택지 해설

ㄱ. (○) 제시된 내용에 따르면 가격에서 A를 받은 X는 8개였고 내구성에서 B를 받은 X와 C를 받은 X는 각각 6개로 총 12개이다. 그러므로 내구성에서 A를 받은 X는 3개이고, 해당 X 중에 가격에서 A를 받은 X가 있다면 최종 선정되는 X 중 1에 따라 지정되는 X는 최대 3개가 된다.

ㄴ. (○) 가격에서 A를 받고, 내구성에서 A나 B를 받은 X는 1과 2에 따라 지정될 수 있으므로 해당 규칙에 의해 지정될 수 있는 X의 최대수는 8개(가격에서 A를 받은 X의 수)이다. 그런데 두 개 이상의 항목에서 B를 받은 X가 없다면 내구성에서 B를 받은 X는 호환성에서 B를 받을 수 없으므로 호환성에서 A나 C를 받아야 한다. 호환성에서 B는 6개, C는 5개를 각각 받았으므로 A는 4개를 받은 것이 되고, 내구성에서 B를 받은 6개의 X중 호환성에서 A를 받은 X가 4개, C를 받은 X가 2개라면 규칙 3에 따라 호환성에서 C를 받은 X는 제외되므로 선정될 수 있는 X는 최대 7개가 된다.

	1	2	3	4	5	6	7	8	9	10	11	12	13	14	15
가격	A	A	A	A	A	A	A	A	C	?	?	?	?	?	?
내구	A	A	A	B	B	B	B	B	B	C	C	C	C	C	C
호환	B	B	B	A	A	A	A	C	C	C	C	C	B	B	B

ㄷ. (○) 앞서 설명했듯이 1과 2에 따라 지정될 수 있는 X는 최대 8개이고, 선택지에서처럼 두 개 이상의 항목에서 C를 받은 X가 없다면 내구성에서 C를 받은 X는 호환성에서 C를 받지 못하므로 다음의 표와 같이 내구성에서 B를 받은 6개의 X 중에 5개가 호환성에서 C를 받는 경우에 X가 최대로 선정될 수 있고 이 경우 선정되는 X는 4개이다.

	1	2	3	4	5	6	7	8	9	10	11	12	13	14	15
가격	A	A	A	A	A	A	A	A	?	B	B	B	B	B	B
내구	A	A	A	B	B	B	B	B	B	C	C	C	C	C	C
호환	선	선	선	선	C	C	C	C	C	?	?	?	?	?	?

9. 정답 ③

선택지 해설

ㄱ. (○) 갑에 따르면 행위자가 인식한 내용대로라면 실제로 결과가 발생하는 경우 위험성을 인정하고 그렇지 않으면 인정하지 않는다. 그런데 선택지에서는 산 사람으로 착각하고 차로 치어서 죽이려고 했으므로 갑에 따르면 위험성이 인정된다. 따라서 미수범으로 처벌해야 한다고 볼 것이므로 선택지의 주장은 갑의 견해를 약화한다. 을에 따르면 실제 결과를 초래하지 않는다면 위험성을 인정하지 않으므로 미수범으로 처벌할 수 없다고 볼 것이므로 선택지의 주장은 을을 강화한다.

ㄴ. (○) A가 B를 죽이기 위해 B에게 물을 먹인 경우 실제로는 B를 죽일 수 없으므로 B에 따르면 위험성을 인정하지 않는다. 그러나 A가 그 물을 B를 죽일 수 있는 양의 독약으로 생각했으므로 갑에 따르면 위험성이 인정된다. 따라서 선택지의 주장은 갑을 강화하고, 을을 약화한다.

ㄷ. (×) C가 해열제로 사람을 죽일 수 있다고 생각하여 D를 죽이기 위해 D에게 해열제를 먹였다면 이는 실제로 결과를 발생시킬 수 없으므로 을에 따르면 위험성은 인정되지 않는다. 따라서 을의 견해는 강화된다. 그리고 C는 해열제로 사람을 죽일 수 있다고 생각하여 D를 죽이기 위해 해열제를 먹였으므로 갑에 따르면 위험성이 인정된다. 따라서 선택지의 주장은 갑의 견해를 약화한다.

10. 정답 ④

선택지 해설

ㄱ. (×) 을은 갑의 팔을 쳐서 X를 분리한 다음 X를 들고 도망갔으므로 다른 요건들이 모두 갖춰졌다면 타인의 재물을 옮길 때 그 타인 몰래 재물을 옮길 필요가 없다는 주장은 갑의 행위를 처벌하는 것을 찬성하는 논거가 된다. 그러나 제1조 제1항에 따라 처벌하기 위해서는 폭행이나 협박이 없어야 한다. 갑은 을의 팔을 쳤으므로 폭행이 존재한다. 따라서 처음부터 을은 제1조 제1항에 따라 처벌될 수 없다.

ㄴ. (○) 타인의 재물에는 타인이 점유하고 있는 제3자 소유의 재물이 포함되지 않는다면 을의 X(을이 소유하고 있는 가방)를 갑이 점유한 상태에서 병이 X를 가져갔으므로 이 경우 타인(갑)이 점유하고 있는 제3자(을)의 소유의 X를 가져간 것이다. 병은 타인의 재물을 가져간 것이 아니므로 이는 ㉡의 처벌을 반대하는 논거가 된다.

ㄷ. (○) 무는 정에게 자신의 노트북을 건네 주었으므로 인도하는 행위가 존재한다. 따라서 선택지처럼 동산을 인도하는 행위가 존재하지 않아야만 제1조 제1항에 따라 처벌할 수 있다면 정의 행위는 처벌할 수 없으므로 이는 처벌을 반대하는 논거가 된다.

11. 정답 ②

핵심정보

제1조에 따라 자본금은 발행된 주식의 총 수에 그 주식 액면가를 곱한 것이고, 제2조에 따라 자본금 대비 잉여금이 1/6을 초과하면 잉여금 중 1/2를 주주배당금으로 배정해야 한다. 이를 토대로 제시된 사례를 정리하면 다음과 같다.

결산 연도	주식 액면가 (만 원)	발행된 주식의 총수 (만 주)	잉여금 (억 원)	자본금 (억 원)
2021년	2	400	200	800
2022년	4	450	300	1,800
2023년	2	450	300	900
2024년	?	500	?	?

선택지 해설

ㄱ. (×) 2022년의 자본금은 1,800억 원이고, 잉여금은 300억 원이므로 그 비율은 1/6을 초과하지 않는다. 따라서 주주배당분으로 배정되는 금액은 없다.

ㄴ. (×) 2022년에 주주배당분으로 배정되는 금액이 없으므로 2023년에 발행된 주식의 총 수는 2022년과 같은 450만 주이다. 2023년에는 자본금 대비 잉여금 비율이 1/3이므로 300억 원의 잉여금 중 150억 원의 잉여금이 주주배당분으로 배정된다. 2023년에 주식 액면가는 2만 원이므로 100억 원을 주식으로 변환하는 경우 50만 주가 되고 이 경우 총 주식은 500만 주가 된다.(발행된 총 주식은 500만 주를 초과하지 못한다.) 따라서 2023년의 결산 결과에 따라 분류되는 잉여 주주배당금은 50억 원이다.

ㄷ. (○) 2021년에는 100억 원이 주주배당분으로 배정되고 당시 주식 액면가는 2만 원이므로 총 50만 주의 주식이 발행된다. 이는 각 주주들이 가진 주식의 비율대로 분배되므로 P사 주식의 10%를 가진 주주에게는 5만 주의 주식이 배분된다.

12. 정답 ⑤

핵심정보

10두락당 상질은 10섬, 중질은 5섬, 하질은 2섬

	갑	을	병	정
상질	10(10)	?	?	?
중질	5(10)	10(20)	?	?
하질	?	?	5(25)	5(25)
총	15 이상	10 이상	5 이상	5 이상
등급	1/2	1/2/3/4	3/4/5/6	1/2/3/4/5

선택지 해설

ㄱ. (○) 제시된 내용에 따르면 병은 정보다 등급이 낮다. 그리고 표에서처럼 갑은 15섬 이상의 세금을 거둘 수 있으므로 1품이나 2품이다. 만약 병이 상질의 수조지를 10두락 가지고 있다면 병은 15섬 이상의 세금을 거두는 것이 되어, 1품이나 2품이 되는데, 정은 병보다 등급이 높으므로 병이 2품 이상이 된다면 정이 병보다 등급이 높다는 가정에 모순이 발생한다. 따라서 선택지의 내용은 옳다.

ㄴ. (○) 갑이 하질의 토지를 가진다면 갑이 거둘 수 있는 세금은 15섬을 초과하므로 갑은 1품이 되어야 한다. 따라서 이 경우 을의 등급은 갑보다 낮아야 한다.

ㄷ. (○) 병이 을보다 등급이 높다면 갑이 1품이나 2품이고, 정이 병보다 등급이 높으므로 갑과 정은 각각 1품이나 2품이 되어야 한다. 그리고 을은 최소 10섬의 세금을 거둘 수 있으므로 4품 이상이다. 그러므로 이 경우 병은 3품이 되고, 3품의 경우 12섬의 쌀을 거둘 수 있으므로 선택지의 내용은 옳다.

13. 정답 ③

선택지 해설

ㄱ. (○) A에 따르면 집단은 하나의 물건으로 취급될 수 있고, 그 집단을 이루는 구성물이 동일한 종류의 구성물로 교체되어 그 외형의 차이가 거의 없더라도 그 집단은 구성물이 교체되기 이전의 집단으로 간주된다. 그러므로 A는 X에 있는 10톤의 숯이 양이 동일한 다른 숯으로 채워졌더라도 동일한 물건이라고 볼 것이다. 반면 B는 물건이 특정되어야 하므로 종류가 같은 물건일지라도 그 물건은 원래의 담보물이 아닌 종류가 같은 다른 물건으로 보고 있으므로 ㉠과 ㉡을 다른 물건

으로 볼 것이다.

ㄴ. (○) A는 집단을 이루는 물건이 동일한 종류의 유사한 양으로 교체된 경우에 교체되기 전과 후가 동일한 물건이라고 보고 있다. 그러므로 10가마니의 쌀에 담보가 설정되었고 이후 해당 쌀이 5가마니의 새로운 쌀로 교체되었다면 이는 유사한 양이 아니어서 다른 물건으로 볼 것이다. B는 앞서 설명한 대로 특정된 담보물이 소멸하면 담보권 역시 소멸한다고 보고 있으므로 선택지의 주장에 찬성할 것이다.

ㄷ. (×) A에 따르면 동일 종류의 물건이 동일한 장소에 모여서 하나의 집단을 이루는 경우 그 집단을 하나의 물건으로 취급될 수 있다. 그런데 병이 소유한 돼지 중 10마리를 담보로 설정한다는 것만 서술되어 있을 뿐 그 10마리의 돼지가 어느 장소에 있는지가 확정되지 않았다. 따라서 A는 선택지의 주장에 찬성하지 않을 것이다.

14. 정답 ③

선택지 해설

ㄱ. (○) A에 따르면 타인이 준 피해가 나의 행위로 그 타인이 입은 피해보다 작지 않아야만 윤리적으로 정당화되고, 이 요건을 충족하지 않으면 윤리적으로 정당하지 않다. 그러므로 선택지에서처럼 갑의 행위로 인한 피해가 을의 행위로 인한 피해보다 더 작은 경우 A에 따르면 을의 행위는 윤리적으로 정당할 수 없다. 따라서 선택지의 내용은 A를 약화한다.

ㄴ. (×) B에 따르면 타인이 나에게 고의로 피해를 주었다는 요건이 충족되는 경우에만 윤리적으로 정당화된다. 그러므로 갑의 행위가 실수인 경우 을의 행위는 정당하지 않다. A에 따르면 나의 행위로 인해 타인이 입은 피해가 그 타인이 나에게 준 피해보다 크지 않은 경우에만 윤리적으로 정당화된다. 그러므로 갑이 을을 넘어뜨린 결과 을이 당한 부상이 을이 갑에게 폭력을 행사함으로 인해 입은 갑의 부상보다 작은 경우 을이 갑에게 폭력을 행사하는 것은 정당하지 않다. 따라서 선택지의 내용은 옳지 않다.

ㄷ. (○) X가 전소된 것과 Y가 전소된 것에 대한 피해가 동일한 경우 병은 X와 Z를 모두 전소시켰으므로 A에 따르면 정이 Y에 화재를 일으킨 것은 정당화된다. B에 따르면 병이 고의로 없애려고 했던 Z만 피해에 해당하므로 Y가 Z보다 피해가 더 크다면 정당화되지 않는다. 따라서 선택지의 내용은 옳다.

15. 정답 ①

선택지 해설

ㄱ. (○) C에 따르면 직접 또는 간접적으로 물질적 이익을 얻는 행위는 윤리적 행위가 된다. 그러므로 병이 ㉠에 따라 추후에 음식이나 물건 등을 무상으로 제공받는다면 이는 물질적 이익을 얻은 것이므로 ㉠은 윤리적 행위가 된다.

ㄴ. (×) B는 직접적인 물질적 이익, C는 직접 또는 간접적인 물질적 이익을 얻는 행위를 도덕적 행위로 본다. 그러므로 병이 ㉠으로 인해 보상금을 받았다면 이는 직접적 이익을 얻는 것으로서 B와 C는 ㉠을 도덕적 행위로 볼 것이다. 그러나 도덕적 행위가 되기 위해서는 타인에게 해를 끼치지 않아야 한다는 조건이 충족되어야 하고, (3)에서 갑이 피해(큰 부상)을 입었으므로 ㉠은 도덕적 행위가 될 수 없다.

ㄷ. (×) (2)를 가정하는 경우 ㉠으로 인한 물질적 이익이 발생하지 않으므로 B에 따르면 ㉠은 도덕적 행위가 아니다. A에 따르면 가장 좋아하거나 가장 원하는 행위를 해야만 도덕적 행위가 되므로 단순히 사람들을 구출하는 것을 좋아한다고 해서 도덕적 행위라고 확정할 수는 없다. 해당 행위를 가장 좋아해야만 도덕적 행위가 된다. 따라서 선택지의 내용은 옳지 않다.

16. 정답 ①

선택지 해설

ㄱ. (○) ㉠이 참이라면 표상이 우리의 내면의 무언가에 의해서 형성되는 경우 외부대상은 지각주체가 그 외부대상을 지각하고 있을 때만 존재한다. 그러므로 눈 앞에 있는 사과가 어떤 지각 주체에 의해서도 지각되지 않으면 그 사과는 존재하지 않는다.

ㄴ. (×) ㉠이 거짓이면 착각은 우리가 표상을 인식하는 과정에서 발생한다. 그러므로 눈 앞의 사과가 사과라는 표상을 형성했더라도 우리가 그 표상을 복숭아로 인식할 수도 있으므로 선택지의 내용은 옳지 않다.

ㄷ. (×) 착각이 우리가 표상을 인식하는 과정에서 발생하면 외부대상에 의해 형성되는 표상은 착각의 원인이 되지 않으므로 눈앞에 있는 사과를 우리가 복숭아로 인식하더라도 그 사과는 우리의 내면에 사과라는 형상을 만든다.

17. 정답 ④

선택지 해설

ㄱ. (×) T에 따르면 동일한 결과를 가져오는 두 대안에 부정표현이 사용된 경우 확정적 표현보다는 확률적 표현이 사용된 대안을 선택할 가능성이 더 높다. 그러므로 대안 1과 대안 2가 동일한 결과를 가져오면 대안 2를 선택하는 사람들이 더 많다. 하지만 1/2의 확률로 소 22마리를 잃는 경우 그 기댓값은 약 11마리이므로 대안 1과 대안 2는 동일한 결과를 가져오지 않는다. 따라서 선택지의 내용은 옳지 않다.

ㄴ. (○) P에 따르면 사람들은 부정표현(지키지 못함)보다 긍정표현(지킬 수 있음)이 사용된 것을 선택할 가능성이 높으므로 지킬 수 없다고 표현된 대안 4보다 지킬 수 있다고 표현된 대안 3을 선택할 가능성이 더 높다. T는 두 대안이 모두 긍정표현을 사용하거나 모두 부정표현을 사용한 경우에 판단할 수 있으므로 T는 강화되지도 약화되지도 않는다.

ㄷ. (○) T에 따르면 결과가 동일한 두 대안 모두에 긍정표현(살림)이 사용된 경우 확률적 표현보다는 확정적 표현이 사용된 대안을 선택할 가능성이 더 높다. 그리고 1/2의 확률로 20명을 살릴 수 있는 경우 확정적으로 10명을 살리는 것과 결과가 동일하므로 T에 따른 판단이 가능하기 때문에 선택지의 내용은 옳다.

18. 정답 ①

선택지 해설

ㄱ. (○) 을은 범죄행위를 할 가능성은 선천적으로 모두 유사하고 사회적 교감능력이 높은 사람일수록 범죄행위를 억제한다고 본다. 즉 선천적으로 모든 사람은 범죄행위를 할 가능성을 어느 정도 가지고 태어났고, 그 가능성은 교감능력이 높아질수록 낮아진다는 것이다. 그러므로 이 같은 환경적 요인(교감능력은 다양한 사람과의 관계 속에서 강화되므로 환경적 요인에 의해 높아진다.)이 제거되면 범죄행위를 할 가능성이 높아진다는 것에 을은 동의할 것이다.

ㄴ. (×) 병의 경우 특정 사회를 구성하는 하위 문화를 접한 사람들 중 그 문화를 받아들인 개인은 범죄행위를 할 가능성이 높아진다. 이는 하위 문화를 통해 범죄행위를 배운다는 것을 의미하므로 병은 선택지의 내용에 동의할 가능성이 높다.

ㄷ. (×) 갑의 경우 범죄행위를 할 가능성은 누구와 깊은 유대감을 형성했는지에 의해 결정된다. 여기서 유대감은 후천적 요인이므로 갑은 선

택지의 내용에 동의하지 않는다. 을의 경우에도 범죄행위를 할 가능성은 선천적으로 모두 유사하고 그러한 범죄행위를 할 가능성은 교감능력이 높아질수록 낮아지므로 오히려 선천적 요인이 아닌 후천적 요인에 의해서 범죄행위를 할 가능성이 결정된다고 볼 것이다.

19. 정답 ②

선택지 해설

ㄱ. (×) 갑의 경우 현재 시점에서 검증될 수 없는 명제는 과학명제가 될 수 없다. "모든 까마귀는 검은색이다."라는 명제는 미래에 있을 까마귀를 모두 관찰해야만 그것이 참임을 증명할 수 있으므로 갑에 따르면 해당 명제는 과학명제가 될 수 없다. 을에 따르면 명제가 검증될 필요는 없지만, 그것이 미래를 예측할 수 있고, 진위여부가 확인될 수도 있으면 과학명제가 된다. 해당 명제를 통해 미래의 까마귀가 검은색이라는 예측이 가능하고, 까마귀 중에 흰색이 존재하면 해당 명제는 거짓이므로 진위여부가 확인된다. 따라서 을에 따르면 해당 명제는 과학명제가 된다.

ㄴ. (×) 갑은 삼각형은 두 변의 길이가 같은 삼각형이다라는 명제는 약속에 불과하므로 과학명제가 될 수 없다고 본다. "총각은 결혼하지 않은 남자이다."라는 명제 역시 결혼하지 않은 남자는 총각의 정의에 해당하므로 갑은 해당 명제가 과학명제가 아니라고 볼 것이다. 을은 주어부와 술어부가 동의어인 명제는 과학명제가 될 수 없다고 보고 있고, 총각과 결혼하지 않은 남자는 동의어이므로 을 역시 선택지의 명제를 과학명제가 아니라고 볼 것이다.

ㄷ. (○) 갑에 따르면 관찰로서 참임이 증명되는 명제는 과학명제이므로 선택지의 명제를 과학명제라고 볼 것이다. 을에 따르면 예측력이 없는 명제는 과학명제가 아니라고 보고 있으므로 단순히 앞에 있는 대상에 대한 설명만 제시한 선택지의 명제를 과학명제가 아니라고 볼 것이다.

20. 정답 ③

선택지 해설

ㄱ. (○) 갑의 경우 자신이 타인에게 주는 고통의 강도에 비례해서 죄책감이 커진다고 보고 있으므로 A에서는 실험이 진행되는 동안 죄책감의 크기는 변했을 것이다. 그러므로 실험이 진행되는 동안 느껴지는 죄책감이 동일한 수준을 유지했다면 갑은 약화된다.

ㄴ. (○) 갑과 을 모두 자신의 행위에 대한 책임을 타인에게 전가할 수 있을 경우 그 죄책감이 줄어든다고 보고 있다. 그러므로 갑과 을 모두 B보다 C에서 죄책감이 더 작다고 볼 것이다. 이에 따라 선택지의 내용은 갑과 을을 모두 약화한다.

ㄷ. (×) 을의 경우 책임을 전가할 수 있는 사람의 수가 많을수록 죄책감이 더 적어지므로 D보다 C의 참가자들의 죄책감이 더 낮을 것이다. 그러므로 선택지의 내용은 을을 약화한다. 갑에 따르면 책임을 전가할 수 있는 사람의 사회적 권위가 높을 수록 죄책감이 더 작아진다. 그러므로 L이 T보다 사회적 권위가 더 낮은 경우 C와 D의 죄책감이 작아지는 정도는 유사할 것이다.(두 그룹 모두 권위가 더 높은 T에게 책임을 전가할 수 있으므로) 그러므로 D보다 C의 참가자들의 죄책감이 더 높다면 이는 갑을 약화한다.

21. 정답 ④

선택지 해설

ㄱ. (×) 갑이 "Z를 차로 치었습니까?"라는 질문에 "아니오"라고 진술했다면 해당 질문에 따른 진술의 신뢰도는 원래의 신뢰도에서 0.2를 더해야 한다. 제시된 내용에 따르면 단답형은 가부형보다 신뢰도가 낮으므로 ㉢의 신뢰도는 ㉠과 동일하고 ㉡보다 낮다. 그리고 ㉡은 ㉣에 따른 진술보다 신뢰도가 낮으므로(㉣은 원래 신뢰도에서 0.2가 더해졌으므로) 신뢰도가 가장 높은 진술은 ㉣에 대해 "아니오."로 대답한 갑의 진술이다. 해당 진술은 단순히 "갑이 Z를 차로 치었습니까?"라는 질문이고 ㉡은 "갑이 13시에 Z를 사망에 이르게 한 것이 맞습니까?"라는 질문에 "예."라고 대답한 것일 뿐이므로 두 진술은 양립 가능하다. 또한 ㉡에 대한 신뢰도는 ㉢의 신뢰도인 0.71보다 높으므로 ㉡은 증거로 채택된다.

ㄴ. (○) ㉣에 갑이 "예."라고 진술했다면 앞선 진술과 다르므로 해당 진술의 신뢰도는 0이 되고, 단답형인 ㉠의 신뢰도가 0.8이므로 ㉠, ㉡, ㉢의 신뢰도는 0.8 이상이 된다. 따라서 선택지의 내용은 옳다.

ㄷ. (○) ㉣에 갑이 "아니오."라고 진술했다면 해당 진술의 신뢰도는 원래 신뢰도에서 0.2를 더한 값이 된다. 가부형인 ㉡의 신뢰도가 0.4 미만이라면 ㉣에 대한 갑의 진술의 신뢰도는 0.6 미만이 되고, 단답형인 ㉠과 ㉢의 신뢰도는 ㉡보다 낮으므로 갑, 을, 병의 진술의 신뢰도는 모두 0.7 미만이다. 따라서 선택지의 내용은 옳다.

22. 정답 ③

선택지 해설

ㄱ. (○) ㉡은 인간의 행동이 정신적 사건으로부터 비롯된 것이 아니라면 지적 활동은 물리법칙에 의해 발생하는 사건에 불과하고 이 같은 결론은 받아들일 수 없다고 주장하면서 인간의 모든 행동은 정신적 사건으로부터 비롯된 것이라는 결론을 도출하고 있다. 그리고 어떤 것이 존재한다면 그것은 다른 것을 일으킬 수 있다는 것의 부정은 어떤 것이 존재하고 그것이 다른 것을 일으킬 수 없을 수도 있다는 것이므로 이는 정신이 존재하고 그 정신이 다른 것을 일으킬 수 있다는 것을 부정하는 것은 아니므로 ㉠이 부정되더라도 ㉡은 도출된다.

ㄴ. (×) 제시된 내용에 따르면 어떤 것이 존재한다면 그것은 다른 것을 일으킬 수 있다. 그리고 정신적 사건과 물리적 사건은 존재하므로 물리적 사건은 어떤 다른 것에 영향을 줄 수 있지만 그것이 정신적 사건이 아닐 수도 있다. 즉 다른 물리적 사건이나 정신적 사건이 아닌 무언가에 영향을 주는 것일수도 있는 것이다. 따라서 선택지의 내용은 옳지 않다.

ㄷ. (○) 제시된 내용에 따르면 정신이 존재하지 않으면 목적이 없기 때문에 정신의 존재를 인정해야 한다. 이는 목적이 있다는 전제를 통해 후건을 부정하여 전건의 결론을 도출하는 방식이므로 목적은 반드시 존재한다. 그러므로 선택지에서처럼 목적을 가지기 위해서는 의지가 필요한 경우 의지는 반드시 존재해야만 한다. 따라서 의지가 존재하지 않는다는 주장은 위 글을 약화한다.

23. 정답 ②

선택지 해설

ㄱ. (×) B에 따르면 동물실험에 사용된 동물이 실험 도중 또는 실험 후에 고통을 받은 경우 그와 같은 실험은 정당화될 수 없다고 본다. 그러므로 실험이 진행되는 동안에는 고통을 느끼지 못하더라도 실험 후에 고통을 느낄 수도 있으므로 선택지의 내용은 B를 반박하는 것으로 적절하지 않다.

ㄴ. (○) B에 따르면 인간의 생명을 살리기 위한 목적이어야 하고, 그러한 목적을 동물실험을 통해서만 달성할 수 있을 때에만 동물의 생명을 해치는 행위가 정당화된다. 그러므로 인간의 생명을 살릴 수 있는 유일한 수단을 개발하기 위해서 동물실험이 반드시 필요하고 동물실험이 항상

동물의 생명을 해치는 행위를 수반한다면 이는 B를 반박한다.

ㄷ. (×) B는 동물실험이 인간의 생명을 살리기 위한 유일한 목적인 경우에만 정당화될 수 있다고 본다. 그런데 선택지의 내용은 동물실험을 통해 인간의 생명을 살릴 수 없다는 것이므로 이는 B를 반박하지 못한다.

24. 정답 ③

선택지 해설

ㄱ. (○) 제시된 내용에 따르면 후회는 어떤 것과 관련하여 자신이 선택할 수 있었던 것들 중에 실제로 자신이 선택한 것보다 좋은 결과를 가져오는 선택이 있는 경우에 느껴진다. 그러므로 하나의 선택만 주어진다면 자신이 선택할 수 있었던 것들 중에 그 선택보다 더 좋은 결과를 가져오는 것은 없으므로 후회는 느껴지지 않는다.

ㄴ. (×) 제시된 내용에 따르면 후회는 잘못된 결정에 의해서 느껴지는 것이고 만족이란 자신이 원하는 무언가를 이루거나 성취했을 때 느끼는 감정이다. 이때 선택에 따라서 무언가를 이루거나 성취할 수는 있지만 자신이 할 수 있는 최선의 선택을 했다고 하여 그 결과가 자신이 원하는 것은 아닐 수도 있다. 즉 후회를 느끼지 않았다고 해서 만족이 보장되지는 않는다.

ㄷ. (○) 제시된 내용에 따르면 사람들은 자신이 소유한 물건이 최대로 가질 수 있는 미래 가치보다 더 낮은 가치로 그 소유를 타인에게 이전하는 선택을 하지 않는다. 그러므로 선택지에서 사람들은 적어도 Z를 1억 원 이상에 매도할 수 있을 경우에만 Z를 매도할 것이다. 따라서 선택지의 내용은 옳다.

25. 정답 ①

선택지 해설

먼저 ㉣에 따르면 시청각 자료를 접하는 사람들은 그 자료를 쾌락을 일으키는 자극의 대상으로 본다. 그리고 이에 대한 예시로 ㉤을 들고 있다. 예시는 근거에 해당하므로 ㉤은 ㉣을 지지한다.

㉥에 따라 모든 사람들은 더 많은 쾌락을 가져오는 것들일수록 실재한다고 생각하는 경향이 커지고, ㉦에 따라 가상현실은 실제현실보다 쾌락을 일으키는 요소들이 더 많다. 그러므로 ㉣, ㉥, ㉦이 합쳐져서 시청각 자료를 더 많이 접하는 사람일수록 가상현실과 실제현실을 구분하지 못할 가능성이 높아진다는 ㉧이 도출된다.

㉡에 따라 사회가 발전하기 위해서는 구성원이 지속적인 성장을 해야 하고, 자성이나 성찰이 없이는 성장이 불가능하다. 그리고 ㉢에 따라 현실감각이 저하되면 자성이나 성찰이 불가능하다. 앞서 ㉧에 따라 가상현실과 실제현실을 구분하지 못하는 것은 현실감각이 저하된 것으로 볼 수 있으므로 ㉡, ㉢, ㉧에 따라 디지털 기술로 만들어진 시청각 자료가 많은 사회일수록 발전 가능성이 작아진다는 ㉠이 도출된다.

따라서 정답은 선택지 ①이다.

26. 정답 ⑤

선택지 해설

ㄱ. (○) 〈가설〉에 따르면 사람들은 구매할 수 있는 제품 중 가장 저렴한 제품의 가격과 가장 비싼 제품의 가격차이가 많이 날수록 비싼 제품을 구매할 가능성이 높아진다. A와 C는 5, B와 C는 3의 가격차이가 나므로 〈가설〉이 옳다면 ㉡보다 ㉠에서 C를 구매하겠다는 참여자가 더 많아야 한다. 따라서 선택지의 내용은 〈가설〉을 약화한다.

ㄴ. (○) 가설에 따르면 사람들은 구매할 수 있는 제품이 세 개 이상 있으면 그 제품들의 평균 가격과 가장 가까운 제품의 가성비가 제품들 가운데 가장 좋다고 생각한다. 그러므로 사람들은 A, B, C 중 중간 가격에 가까운 B의 가성비가 가장 좋다고 생각한다. 가성비는 질을 가격으로 나눈 것이고 A는 B보다 가격이 저렴하므로 A는 B보다 질이 더 좋을 수가 없다. 따라서 선택지의 내용은 〈가설〉을 약화한다.

ㄷ. (○) (상황 2)에서 모든 참여자들이 각 상품의 질을 D는 4, E는 3, F는 7로 평가하고 E를 구매하겠다고 한 경우 〈가설〉에 따르면 가격이 가장 비싼 제품을 구매할 가능성이 더 높다. 그러므로 E를 구매했다면 E의 가격이 가장 비쌀 가능성이 높고, 참여자들이 E의 질을 3이라고 생각했으므로 E의 가성비가 가장 낮을 것이다. 그러므로 D의 가성비가 가장 낮다고 평가했다면 〈가설〉은 약화된다.

27. 정답 ②

선택지 해설

ㄱ. (×) 제시된 내용에 따르면 어떤 사회의 구성원들이 공유하고 있는 공동의 선은 그 사회의 구성원들을 규율하는 규범이다. 그러므로 사회 구성원들이 공통적으로 받아들이고 있는 선이 존재한다. 그러나 특정 사회의 구성원뿐만이 아니라 모든 사람들이 공통적으로 받아들이고 있는 선이 존재하는지는 제시되지 않았으므로 선택지의 내용은 옳지 않다.

ㄴ. (○) ㉠에 따르면 규범이 사회 구성원들이 추구하는 선들을 규율하여 어떤 선이 정당한지의 여부를 판단할 수 있는 정의에 의해서 만들어지고, 정의로운 선만이 규범이 될 수 있다고 본다. 따라서 ㉠에 따르면 서로 경합하는 선의 어느 한쪽에서는 정의에 부합하지 않는 것이 존재할 수도 있다.

ㄷ. (×) 제시된 내용에 따르면 사회 구성원들이 공유하는 공동의 선은 그 사회의 구성원을 규율하는 규범이다. 그러나 공동의 선이 아닌 것 중에 규범이 존재할 수도 있으므로 선택지의 내용은 옳지 않다.

28. 정답 ②

선택지 해설

ㄱ. (×) 병은 X가 시행되는 초기에는 고가 부동산 임대료가 높아지고 고가 부동산 임대료가 높아질수록 고가 부동산을 임차하려는 사람들도 줄어들어 결국 부동산을 임대하려는 자들을 증가시킨다고 본다. 그리고 부동산을 임대하려는 자들이 많을수록 부동산 임대료가 낮아진다고 보고 있으므로 선택지의 내용은 옳지 않다.

ㄴ. (×) 을에 따르면 사람들은 손해를 기피하기 때문에 고가의 부동산을 소유한 자는 그 부동산의 매입가격 이상으로 매도할 수 없으면 매도하지 않고 보유한다. 그러므로 을에 따르면 매물이 없어짐으로 인해 고가 부동산 거래량이 감소할 가능성이 있지만 반대로 부동산 가격이 높아지면 매물이 많아질 가능성도 있다. 갑에 따르면 고가 부동산 매물은 많아지지만 그 수요는 감소한다고 보고 있으므로 결국 갑에 따르더라도 고가 부동산 거래량은 감소할 것이다.(거래는 공급과 수요가 동시에 증가해야만 증가한다.) 따라서 선택지의 내용은 갑을 약화하지 않고 을을 강화하지 않으므로 옳지 않다.

ㄷ. (○) 을에 따르면 사람들은 손해가 발생하지 않는 선택을 한다고 보고 있으므로 을은 선택지의 내용에 동의한다. 반면 갑은 고가 부동산을 소유한 자들은 손해를 전혀 안 보는 선택을 하는 것이 아니라 가급적 손해를 최소화하는 선택을 한다고 보고 있으므로 갑은 선택지의 내용에 동의하지 않는다.

29. 정답 ③

선택지 해설

ㄱ. (○) 을은 X가 시행되면 고용주가 높아진 임금을 감당하지 못해서 10인 미만의 사업장에서 근로하는 근로자수가 감소한다고 본다. 이에 병은 X에 따라 높아진 임금을 정부가 지급하면 근로자 수의 감소는 일어나지 않는다고 본다. 그러나 을은 병의 주장대로 한다면 수많은 사업장이 폐쇄되어 X를 단독으로 시행했을 때보다 더 많은 근로자 수의 감소를 가져온다고 하면서 X의 단점을 보완하는 정책의 효과를 부정하고 있다.

ㄴ. (○) 갑의 경우 X의 시행으로 인해 300만 명 이상의 저소득층 근로자의 임금이 증가한다고 본다. 그러므로 선택지에서처럼 대부분의 사업장이 X에 따른 최저 임금보다 더 많은 금액을 근로자의 임금으로 지불하고 있다면 저소득층 근로자의 임금이 증가한다는 갑의 주장은 약화되므로 선택지의 내용은 옳다.

ㄷ. (×) 을은 최저임금이 높아지면 일부 저소득층 인구의 수익이 증가한다는 것을 인정하고 있으며, 저소득층의 평균소득이 감소하는 이유를 근로자수의 감소에서 찾고 있다. 즉 X가 시행된 후에는 을에 따르면 10인 미만의 사업장에 근무하는 근로자들의 평균 임금은 당연히 높아질 수밖에 없다. 다만 근로자 수의 감소로 인해 전체 저소득층의 평균 임금이 낮아질 뿐이다. 그러므로 선택지의 내용은 옳지 않다.

30. 정답 ④

선택지 해설

ㄱ. (×) 제시문에 따르면 실질소득이 증가하는 경우 수요가 증가하는 것은 정상재, 수요가 감소하는 것은 열등재이다. 즉 실질소득이 증가하더라도 열등재의 수요량은 감소하므로 모든 재화의 수요를 합한 총 수요가 증가하는지 여부는 확인할 수 없다.

ㄴ. (○) 재화 X에 소득효과만 나타난다면 소득효과로 인한 재화의 수요는 그 재화의 가격과 반비례하므로 X의 가격이 상승할수록 X의 수요는 감소하게 된다. 따라서 선택지의 내용은 옳다.

ㄷ. (○) 대체효과는 대체관계에 있는 두 재화 사이의 상대적 가격변동에 따른 수요 변화이다. 두 재화의 가격차이와 수요는 두 재화 중 가격이 더 높은 재화의 경우 반비례하고 가격이 더 낮은 재화의 경우 비례한다. 만약 Y와 Z가 대체관계에 있고, Z의 가격이 변하지 않는다고 가정해보자. 이 경우 Y가 Z의 가격보다 낮으면 Y의 가격이 낮아질수록 가격차이는 증가하므로 수요는 증가한다. 반대로 Y가 Z보다 가격이 높으면 Y의 가격이 낮아질수록 가격차이는 감소하므로 이 경우에도 Y의 수요는 증가한다. 따라서 선택지의 내용은 옳다.

31. 정답 ③

선택지 해설

기금이 고갈되기 위해서는 기금으로 모이는 금액보다 기금에서 지불되는 금액이 더 커야 한다. 각 사람에게 지급되는 연금은 P에 납부한 보험료의 총액을 곱한 금액이므로 P가 증가되거나 고정되면서 수명이 증가할수록 기금으로 모이는 금액보다 기금에서 지불되는 금액이 더 커진다. 그러므로 ㉠은 고정이나 증가이다.

그리고 앞서 설명한 대로 공단이 국민으로부터 받고 있는 보험료가 기금에서 지급되는 연금보다 더 작아야만 기금이 고갈될 수 있으므로 ㉢은 ㉡보다 커야만 한다.

만약 현재 세대가 자신이 낸 보험료보다 더 많은 연금을 받는다면 더 받는 연금은 결국 뒷세대가 낸 보험료가 될 수밖에 없고, 제시문은 이 같은 구조로 국민연금이 변하기 때문에 2055년에는 더 이상 끌어쓸 금액이 없어지게 되어 연금이 거의 고갈된다고 보고 있는 것이다. 따라서 ㉣에는 앞세대가 들어간다. 따라서 정답은 선택지 ③이다.

32. 정답 ③

선택지 해설

ㄱ. (○) X와 Z는 서로 다른 맛을 가지고 있으므로 가설에 따르면 사람들은 두 음료 중 실제로 맛있다고 느껴지는 음료가 맛있다고 생각되므로 X가 맛있다고 한 사람들은 Z를 섭취할 때 A가 활성화되지 않는다.(A는 실제로 맛있다고 느껴질때만 활성화된다.)

ㄴ. (○) 가설에 따르면 사람들은 맛이 유사한 음식을 먹을 때는 그 상표를 가리는 경우 실제로 맛있다고 느껴지는 음식을 맛있다고 생각하고, 상표를 제시하면 유명한 상표의 음식이 평소에 더 맛있다고 생각한다. 그러므로 ㉠에서 X가 맛이 없다고 생각한 사람들은 ㉡에서 X가 Y보다 평소에 더 맛있다고 생각할 것이므로 B가 활성화 된다. 그러나 X가 맛없다고 느꼈으므로 A는 활성화되지 않으므로 선택지의 내용은 옳다.

ㄷ. (×) (다)에서는 무작위로 X와 Y 중 하나를 넣은 후 하나의 잔에만 X나 Y 중 하나의 상표를 붙이고 다른 하나에는 아무것도 붙이지 않았으므로 상표가 제시된 상태에서는 유명한 상표일수록 맛있다고 생각하게 되어 Y보다 유명한 상표인 X를 더 맛있다고 생각하는 사람의 비율이 더 높을 것이다. 따라서 선택지의 내용은 옳지 않다.

33. 정답 ④

핵심정보

제시된 조건을 맨 위에서부터 순서대로 조건 1~조건 5라고 정의한다. 조건 2에 따라 A와 B는 F와 G보다 성과점수가 높으므로 A와 B는 3/4/5점, F와 G는 1/2/3점만이 가능하다. 그리고 조건 3에 따라 C와 H의 성과점수 합은 5이므로 가능한 조합은 1과 4, 2와 3만이 가능하다. 만약 C의 점수가 2이고, H의 점수가 3인 경우 조건 4에 따라 C와 E는 성과점수가 동일하므로 E 역시 2가 된다. 그러나 1, 2, 3점 중에 두 개의 점수는 F와 G의 점수여야 하므로 E와 H가 동시에 2와 3이 될 수 없다. H가 2이고 C가 3인 경우에도 E는 3이 되므로 조건과 모순된다. 그러므로 C와 H의 점수 조합은 1과 4만이 가능하다. 만약 C가 4인 경우 E 역시 4가 되고, H는 1이 된다. 이 경우 F와 G는 2와 3을 획득하고, A와 B는 4와 5를 획득할 수밖에 없다. 그러나 C가 4이므로 조건 1과 모순된다. 결국 C는 1, H는 4가 되고, 이 경우 E 역시 1이 되어, F와 G는 2와 3이 되고, A와 B는 4와 5가 된다. 정리하면 다음과 같다.

조	X				Y			
인원	A	B	C	D	E	F	G	H
가능점수	4/5	4/5	1	2/3	1	2/3	2/3	4

선택지 해설

ㄱ. (×) C의 성과점수는 1점이다.

ㄴ. (○) 옳다.

ㄷ. (○) D의 성과점수는 2점이나 3점이고, F와 G의 성과 점수 역시 2점이나 3점이므로 D의 성과점수는 F나 G의 성과점수와 필연적으로 동일할 수밖에 없다.

34. 정답 ③

핵심정보

을, 병, 정의 진술이 참이라고 가정해 보자. 이 경우 을의 진술에 따라 정의 카드에는 1/2/3 중 하나가 적혀 있고, 을의 카드에는 3/4/5 중에 하나가 적혀 있다. 그리고 병의 진술에 따라 을의 카드에는 3/4 중 하나가 적혀 있다.

그런데 정의 진술에 따라 3이 적힌 카드를 뽑은 사람은 없으므로 을의 카드에는 4가 적혀 있는 것이 된다. 하지만 정의 진술에 따라 갑의 카드에는 4가 적혀 있으므로 진술간에 모순이 발생한다. 따라서 거짓을 말하는 사람은 을, 병, 정 중에 한 명이고 갑의 진술은 참이 된다.

을의 진술이 거짓일 경우 정의 진술에 따라 갑의 카드에는 4, 병의 진술에 따라 을의 카드에는 3이 각각 적혀 있어야 한다. 그러나 정의 진술에 따라 3이 적힌 카드를 뽑은 사람은 없으므로 을의 진술은 참이 된다. 병의 진술이 거짓인 경우 정의 진술에 따라 갑의 카드에는 4가 적혀 있고, 을과 병은 3을 뽑을 수 없으므로 을은 3과 5를 모두 뽑을 수 없다.(을이 5를 뽑으면 을의 진술에 따라 정은 3을 뽑게 된다.) 그런데 을의 진술에 따라 을은 적어도 3 이상을 뽑아야 하므로 병의 진술 역시 참이 된다. 따라서 정의 진술이 거짓이 된다.

정의 진술이 거짓인 경우 갑의 카드에는 1/2/3/4 중 하나가 적혀 있고, 을의 카드에는 3이나 4가 적혀 있다. 그리고 병의 카드에는 2/3/4/5 중 하나가 적혀 있고, 정의 카드에는 1이나 2가 적혀 있는 것이 된다.

선택지 해설

ㄱ. (○) 갑의 카드에는 1/2/3/4 중 하나가 적혀 있으므로 선택지의 내용은 옳다.

ㄴ. (○) 병의 카드에 4가 적혀 있다면 을의 카드에는 3이 적혀 있고, 을의 진술에 따라 정의 카드에는 1이 적혀 있게 된다. 갑의 진술에 따라 갑의 카드에는 병의 카드에 적힌 숫자보다 적은 숫자가 적혀 있으므로 갑의 카드에는 2가 적혀 있게 된다.

ㄷ. (×) 정의 카드에 2가 적혀 있다면 을의 카드에는 4가 적혀 있다. 그러나 이 경우 병의 카드는 5가 아닌 3이 될 수도 있다.

35. 정답 ⑤

핵심정보

제시된 조건을 맨 위에서부터 순서대로 조건 1~조건 4라고 정의하자.

조건 3에 따라 병과 정의 사무실과 인접한 사무실을 소유한 사람은 없고, 조건 2에 따라 갑과 을의 사무실은 2층 이상이므로 병과 정이 모두 2층 이상을 소유할 수는 없다. 만약 병과 정이 D와 F를 각각 소유한다면 갑은 조건 4에 따라 2층이어야 하므로 E에 있을 수 밖에 없고 이는 조건에 모순된다. 그리고 병과 정이 각각 A나 C 중 하나, D나 F 중 하나를 차지한다면 B와 E는 비어 있어야 하므로 갑, 을, 무가 모두 2층 이상이어야 하는 조건과 모순된다.(갑과 을은 조건 2에 따라 2층 이상, 무는 조건 2와 조건 4에 따라 3층이어야 하는데 2층 이상의 사무실 중 빈 곳은 한 곳밖에 존재할 수 없다.) 따라서 병과 정 중에 적어도 한 명은 1층에 있어야 한다. 그러므로 병이 2층에 있으면 정은 1층에 있어야 한다. 만약 H의 소유자가 있다면 이는 병이나 정일 수밖에 없고 이 경우 조건 2에 따라 G와 I는 비어있게 된다. 이때 병과 정이 각각 G와 I를 소유하면 2층에는 갑과 을 3층에는 무만 존재할 수도 있다.

선택지 해설

ㄱ. (○) 옳다.

ㄴ. (○) H의 소유자가 있다면 이는 병이나 정일 수밖에 없고, 조건 2에 따라 이들이 소유한 사무실과 인접한 사무실에는 소유자가 없으므로 선택지의 내용은 옳다.

ㄷ. (○) 옳다.

36. 정답 ⑤

선택지 해설

ㄱ. (○) S1은 D와 T를 모두 생산하지 않기 때문에 10의 생체 에너지를 모두 개체증식에 사용한다. 반면 S2는 D와 T를 생산하는데 생체 에너지를 사용하므로 3의 에너지만 개체증식에 사용할 수 있다. 그런데 S1은 D를 생산하지 못하기 때문에 T를 생산하는 S2와 같은 배양액 속에 넣으면 증식하지 못하고 사멸한다.(본문 2단락) 따라서 선택지의 내용은 옳다.

ㄴ. (○) S3는 D를 생산하고 T를 생산하지 않는다. 그러므로 이 경우 S1은 사멸되지 않고 증식을 할 것이다. 그리고 증식에 사용하는 생체 에너지는 S1의 경우 10이고, S3의 경우 D의 생산에 4를 사용했으므로 6이다. 따라서 선택지의 내용은 옳다.

ㄷ. (○) 만약 배양액 속의 S가 사멸하지 않는다면 증식속도는 S1이 가장 빠르고 S2가 가장 느릴 것이다. 그런데 S1은 S2에 의해서 사멸되고, S3는 T의 생산에 3의 생체 에너지를 사용하는 S2보다 더 많은 생체 에너지를 개체증식에 사용한다. 따라서 선택지의 내용은 옳다.

37. 정답 ⑤

핵심정보

제시된 내용을 표로 정리하면 다음과 같다.

	A(X제거)	B(Y제거)	C	D(X, Y제거)
백혈구	2	1	2	1
T세포	2	1	1	2
정보	T세포 감소 기능 제거	백혈구 증가 기능 제거		

선택지 해설

ㄱ. (○) 제시된 내용에 따르면 P가 제거된 그룹은 제거되지 않은 그룹보다 백혈구는 적고 T세포는 많다. 그러므로 P는 백혈구를 증가시키고, T세포를 감소시키는 역할을 한다. 따라서 선택지의 내용은 옳다.

ㄴ. (○) X가 제거된 A에서는 백혈구가 정상인 C와 동일하므로 백혈구를 증가시키는 기능은 제거되지 않은 반면 T세포는 C보다 많으므로 T세포를 감소시키는 기능은 제거되었다. 그러므로 X는 T세포를 감소시키는 기능을 가졌다.

ㄷ. (○) A에 속한 생쥐는 P의 Y기능으로 인해 백혈구가 증가되었고, B에 속한 생쥐는 P의 X 기능으로 인해 T세포가 감소하였다. ㉠에 따르면 X와 Y 중 어느 하나의 기능에 의해 백혈구나 T세포가 많아지면 S가 유발될 가능성이 높아진다. 그러므로 Y가 작용하여 백혈구가 증가된 A가 백혈구 증가 기능이 없는 B보다 S에 걸릴 가능성이 더 높을 것이다. 따라서 선택지의 내용은 ㉠을 약화한다.

38. 정답 ②

선택지 해설

ㄱ. (×) 2억 년 전의 대기중 산소농도는 15%이고, 현재의 대기중 산소농도는 20%이다.(5억 년 전에는 현재보다 10%p 더 높았고, 4억 년 전에는 5억 년 전보다 25%p가 더 낮은 5%이므로) 가설에 따르면 대기중 산소농도가 높을수록 동물들의 몸집이 커지므로 선택지의 내용은 가설을 약화한다.

ㄴ. (×) 가설은 동물들이 몸집을 키우는 방향으로 진화를 했고 이러한 경향은 먹이사슬의 정점에 있을수록 더 컸다고 본다. 5억 년 전 포유류의 조상은 그 어떤 동물(파충류 포함)들보다 몸집이 컸으므로 먹이사슬의 정점에 더 가까웠을 것이다. 따라서 선택지의 내용은 ㉠을 약화한다.

ㄷ. (○) 제시된 내용에 따르면 기낭은 횡경막을 포함한 다른 호흡기관보다 산소를 더 효율적으로 흡수할 수 있다. 그리고 산소를 많이 흡수할수록 더 큰 몸집을 유지할 수 있다. 그러므로 다른 모든 조건이 동일한 경우

기낭을 가진 동물은 횡경막을 가진 동물보다 몸집을 더 크게 키울 수 있다. 따라서 선택지의 내용은 ㉠을 강화한다.

39. 정답 ③

핵심정보

제시된 내용을 표로 정리하면 다음과 같다.

	A	B	C	D	생존
1번(0%)	X	O	X	O	B, D
2번(7%)	-	O	O	X	B, C
3번(19%)	O	O	-	-	A, B
종류					

먼저 1번에는 혐기성 세균만 살 수 있고, 2번에는 X형 호기성 세균, Y형 호기성 세균, 통성 혐기성 세균이 살 수 있다. 3번에는 Y형 호기성 세균과 통성 혐기성 세균만 살 수 있다. A의 경우 산소가 없는 곳에서는 생존하지 못했으므로 호기성 세균이다. 그리고 산소 농도가 19%인 곳에서 생존했으므로 Y형 호기성 세균이다. B의 경우 산소가 없는 곳과 산소가 있는 곳 모두에서 생존했으므로 산소를 필요로 하지 않지만 산소가 있는 곳에서도 생존할 수 있는 통성 혐기성 세균이다. 그리고 C는 산소가 없는 곳에서는 생존하지 못하고 7%의 산소 농도에서 생존하였으므로 호기성 세균이다. 그러나 1~20%의 산소 농도에서 생존할 수 있는지는 확인이 불가능하므로 X형 호기성 세균이나 Y형 호기성 세균이다. D는 산소가 없는 곳에서는 생존하였지만 산소가 있는 곳에서는 생존하지 못했으므로 편성 혐기성 세균이다. 정리하면 다음과 같다.

	A(Y)	B(통성)	C(X)	D(편성)	생존
1번(0%)	X	O	X	O	B, D
2번(2~10%)	-	O	O	X	B, C
3번(1~20%)	O	O	-	-	A, B
종류	Y	통성	X/Y	편성	

선택지 해설

ㄱ. (○) 옳다.

ㄴ. (×) Y형 호기성 세균일 수도 있다.

ㄷ. (○) 혐기성 세균은 모두 그람음성균이고 그람음성균은 붉은 색으로 염색되므로 옳다.

40. 정답 ②

선택지 해설

ㄱ. (×) 제시문에 따르면 매개입자들의 속도는 유한하고, 태양계 내부의 천체들은 태양의 중력장 내에 존재하므로 궤도를 이탈하지 않는다. 그런데 중력은 상대방에 도달해야만 발생하므로 태양이 사라진 후에도 매개입자들 중 천체에 도달하지 않은 것들이 존재한다. 그러므로 이 같은 매개입자들이 모두 사라진 후에야 비로소 천체에 중력이 작용하는 것이 멈춰진다. 따라서 선택지의 내용은 옳지 않다.

ㄴ. (○) 전기장은 하전입자가 방출한 광자로 구성되어 있다. 그러므로 어떤 하전입자로부터 방출되는 광자가 분포하는 범위가 넓을수록 그 하전입자가 형성하는 전기장의 범위 역시 넓어진다.

ㄷ. (×) 제시문에서는 매개입자는 중력이나 전기력 같은 힘을 직접 전달하는 것이 아니라 매개입자를 받는 측에 어떤 반응을 보여야 할지를 알려주는 역할을 한다고 본다. 그러므로 매개입자의 일종인 중력자가 다른 물체에 도달하여 직접 힘을 가하는 형태로 중력이 나타난다는 선택지의 내용은 옳지 않다.

변호사가 된 로스쿨 선배가 알려주는
로스쿨 면접 성공비법
오직
합격
만을
연구 합니다.
변화되는 로스쿨 면접 어떻게 준비하고 계십니까?
황변과 함께라면 변호사가 될 수 있습니다!
황변과 함께하는 로스쿨 면접 Q
2025학년도
전면 개정판
곧 출시됩니다
한국외국어대학교 신문방송학 석사
충북대학교 법학전문대학원 졸업
현〉 메가로스쿨 법학논증, 로스쿨 면접, 자소서 담당
메가로이어스 법조윤리 담당
현〉 법무법인 성진 대표 변호사
로스쿨 면접 황정현
● 동영상 강의
www.megals.co.kr
www.megalawyers.co.kr
로스쿨면접 4대원칙
Specification
Logic
Communication
Luck

제1교시

2025학년도 법학적성시험 대비 LEETBoost 모의고사(제8회)

언 어 이 해

성 명		수험 번호							

《수험생 유의사항》

- ○ 이 문제지는 30문항으로 구성되어 있습니다.
- ○ **시험 시간은 09:00 ~ 10:10(70분)입니다.**
- ○ 문제지에 성명과 수험번호를 정확하게 기재하십시오.
- ○ 답안지는 반드시 컴퓨터용 사인펜을 사용하여 답을 표기하여야 합니다.
- ○ 교시란은 해당 교시를 정확하게 표기해야 합니다.

《정답공개 및 이의제기 안내》

1. 정답·해설지 배부 및 최종정답 공개
   - ○ 30일 2교시 종료 후 1·2교시 정답 및 해설지 배부
   - ○ 최종정답: 7월 3일(수) 네이버 법률저널 공식 LEET 카페에 공지
2. 이의제기 안내
   - ○ 본 시험 종료 후 네이버 법률저널 공식 LEET 카페(cafe.naver.com/lecleet)에서 '이의제기 신청 게시판'에 양식에 맞춰 제출해 주세요.
   - ○ 이의제기 기간: 7월 1일(월) 오후 5시까지
3. 성적확인 안내
   - ○ 각 영역별 성적통계는 7월 4일(목) 오후 5시 네이버 법률저널 공식 LEET 카페에 공지
   - ○ 개인 성적은 7월 4일(목) 오후 5시 이후 법률저널 홈페이지〉모의고사 신청 배너 클릭〉 성적확인 클릭
4. LEET 모의고사 일정
   - ○ 제9회 : 2024.7.7. / 제10회 : 2024.7.14.

5. 매회 격려장학금 지급 / 제6회부터 장학생 선발

법률저널

제 1 교시

언어이해

성명 | 수험 번호 | 제8회

○ 이 문제지는 30문항으로 구성되어 있습니다. 문항 수를 확인하십시오.

○ 문제지의 해당란에 성명과 수험 번호를 정확히 쓰십시오.

○ 답안지에 수험번호, 문제유형, 성명, 답을 표기할 때에는 '답안 작성 시 반드시 지켜야 하는 사항'에 따라 표기하십시오.

○ 답안지의 '필적확인란'에 해당 문구를 정자로 기재하십시오.

[1~3] 다음 글을 읽고 물음에 답하시오.

법익형량은 법학에서 규범 충돌을 해결하는 수단으로 활용되고 있으나, 법익형량의 정당성은 물론이고 그 내용이나 구조에 대해서는 다툼이 적지 않다. 독일의 법철학자인 알렉시에 따르면 법체계에는 본질적으로 다른 속성을 갖는 두 종류의 규범이 있다. 법규칙은 구성요건과 법률효과가 비교적 명확하게 규정된 법규범이고, 법원칙은 추상적이고 이상적인 가치를 담은 법규범이다. 두 법규범의 적용 방식은 다르다. 가령 헌법 제67조 제4항은 "대통령으로 선거될 수 있는 자는 국회의원의 피선거권이 있고 선거일 현재 40세에 달하여야 한다."고 규정한다. 이 규범문장은 일정한 구성요건을 충족하면 법률효과가 발생한다고 규정하며, 이때의 규범 적용방식은 일정한 사태가 문제되는 규범이 이 구성요건을 충족하는지의 여부를 판단하여 법적 효력을 부여할지를 결정하는 '포섭'이 된다.

반면 법원칙은 다른 법가치들과의 관계를 고려하고 현실적으로 주어진 조건에서 그 원칙이 규정하는 내용이 가능한 최대로 보장될 것을 요청하는 이상적 당위의 성격을 띤다. 헌법상 기본권 규범들은 대체로 법원칙에 해당한다. 어떤 법원칙을 가능한 최대로 보장할 수 있는 내용을 확정하기 위해서는 그것과 대립하는 법원칙을 함께 고려해야 한다. 법원칙은 적용 과정에서 필연적으로 다른 법원칙과 충돌하는데, 통상적으로 양자는 해당 상황에서 양립 불가능한 규범이다. 예컨대 구체적인 상황에서 하나는 어떤 행위를 금지하고 다른 하나는 그 행위를 명령하는 경우가 있다. 법익형량은 이러한 법원칙의 충돌 상황에서 우선순위를 정하는 법학 방법론이 된다.

알렉시는 ⓐ '형량공식'을 통해 법익형량의 구조를 제시한다. 이때 고려해야 하는 요소는 크게 세 가지이다. 첫째, 실현하고자 하는 법원칙의 중요도와 이와 충돌하는 법원칙이 침해됨으로써 발생하는 해악의 정도이다. 양심적 병역거부를 예로 들면, 입법 수단이 양심의 자유를 제한하는 정도와 양심의 자유를 실현함으로써 국가안보에 미치는 해악의 정도가 측정되어야 한다. 둘째, 충돌하는 법원칙의 추상적 중요도이다. 추상적 중요도는 구체적인 사건의 상황과는 무관하게 법원칙 자체가 다른 법원칙에 대하여 갖는 우선성을 말한다. 일반적으로 헌법적 법익 간에 추상적 중요도에는 차이가 없지만, 적어도 추상적 수준에서는 생명권의 중요성이 재산권보다 우월하다고 말할 수 있다. 셋째, 기본권 보호를 요청하는 전제나 공익을 실현하려는 전제에 대한 신뢰도이다. 신뢰도의 유형으로, 양심의 자유의 비중을 높이 평가하는 규범적 전제의 신뢰도와 병역 거부를 인정할 시 병역 자원 손실이 발생할 개연성과 같은 경험적 전제의 신뢰도가 있다. 공익 실현을 지지하는 전제의 신뢰도가 높을수록 기본권에 강한 제한을 가할 수 있다.

알렉시의 형량공식은 사실상 독일 연방헌법재판소의 법익형량 실무를 분석적으로 재진술한 것이라고 할 수 있다. 연방헌법재판소는 통상적으로 제한되는 기본권의 제한 정도를 판단하고, 대립하는 공익이 갖는 중요도를 결정한 후, 두 요소를 저울질하여 판단한다. 기본권이 중요할수록, 그리고 그 기본권에 대한 제한 정도가 심할수록 대립하는 공익도 중요하고 긴절해야 하며 그 공익을 떠받치는 전제의 신뢰도도 높아야 한다.

알렉시의 법익형량 이론에 대해서는 많은 비판이 제기된 바 있다. 먼저 ㉠ 법익형량을 공식화하는 구도에 대해서는 비교되는 법익이 동일한 척도에 따라 측정될 수 있는 경우에만 이 공식이 유효하다는 비판을 받는다. 양심의 자유와 국가안보라는 헌법적 법익을 동일한 척도로 비교하기 어렵다는 것이다. 이는 충돌하는 법원칙을 비교할 수 있으려면 법원칙 간의 공통분모가 있어야 하는데, 충돌하는 법원칙은 공통분모를 갖지 않으므로, 측정의 합리적 기준이 부재하다는 취지이다. 결과적으로 법익형량은 의도치 않게 자의적인 것이 되어 사법 정의를 훼손하고 만다. 다른 한편으로 ㉡ 법익형량이 인권 보호에 충실하지 못하다는 비판도 제기된다. 이 비판에 따르면 권리는 형량될 수 있는 가치가 아니며, 개별 상황에서 법익형량을 따르다 보면 소수자의 인권이 항상 공익보다 열등한 지위에 놓일 것이다. 자유주의적 입장에서 누군가가 권리를 갖는다는 말은 곧 정부가 그 권리를 부인함으로써 공익 실현에 기여할 수 있다고 하더라도 권리를 부인해서는 안 된다는 말이다. 권리는 공리주의적으로 이해될 수 없다. 법익형량을 사용하는 것은 시민의 권리 보호라는 사법부의 책임을 방기하는 셈이다.

1. 윗글에 대한 이해로 적절하지 않은 것은?

① 헌법적 기본권 규범은 통상적으로 법원칙으로 분류되지만, 법규칙으로 분류되는 경우도 있다.

② 독일 연방헌법재판소는 기본권 제한 정도와 더불어 그와 대립하는 공익의 중요성도 함께 고려한다.

③ 법규칙과 달리 법원칙은 구체적인 구성요건을 두지 않으므로 포섭 대신 법익형량의 방식으로 적용된다.

④ 어떠한 조건에서도 다른 법원칙과 충돌하지 않는 법원칙이 있다면, 그 법원칙이 규정하는 내용은 제한된 범위 내에서 최대한 보장되어야 한다.

⑤ 헌법 제67조 제4항이 규정하는 법률효과는 국회의원의 피선거권이 있고 선거일 현재 40세 이상이라는 일정한 구성요건을 충족할 때 발생한다.

2. ㉠, ㉡에 대해 설명한 것으로 가장 적절한 것은?

① ㉠은 모든 법원칙이 통약 불가능하다는 점을 전제하고, ㉡은 권리는 원칙적으로 제한될 수 없다는 점을 전제한다.

② ㉠은 자의적인 형량이 사법 정의에 위배된다고 주장하고, ㉡은 일체의 법익형량이 사법부의 책임에 위배된다고 주장한다.

③ ㉠은 양심의 자유와 국가안보를 비교하는 동일한 척도가 없다고 보고, ㉡은 그러한 척도가 있지만 인권 보호를 위해 사용해서는 안 된다고 본다.

④ ㉠은 법원칙의 추상적 중요도와 전제에 대한 신뢰도 간에 공통분모가 없다고 보고, ㉡은 권리와 형량될 수 있는 가치 간에 공통분모가 있다고 본다.

⑤ ㉠은 형량공식의 유효성을 확보하기 위해 충돌하는 법익을 측정하는 객관적 척도를 요구하고, ㉡은 소수자의 권리를 올바르게 형량하는 합리적 척도를 요구한다.

3. 윗글을 바탕으로 ⓐ를 평가한 것으로 적절한 것만을 <보기>에서 있는 대로 고른 것은?

<보 기>

ⓐ는 $Wi,j = \frac{Ii \times Wi \times Rei \times Rni}{Ij \times Wj \times Rej \times Rnj}$ 다. Wi, j는 최종적인 형량의 결과이다. Wi, Wj는 충돌하는 두 법원칙 Pi, Pj 각각의 추상적 중요도를 뜻한다. Ii, Ij는 두 법원칙 각각의 특정한 사안에서의 중요도 혹은 침해 강도를 뜻한다. Rei, Rej는 두 법원칙 각각을 지지하는 경험적 전제의 신뢰도이고, Rni, Rnj는 두 법원칙 각각을 지지하는 규범적 전제의 신뢰도이다.

알렉시는 기본권 침해의 강도와 공익 실현의 중요도를 세 등급으로 구분한다. '경미한' 등급이면 숫자 2^0, '중간의' 등급이면 2^1, '중대한' 등급이면 2^2를 부여한다. 한편 경험적 전제의 신뢰도는 불확실성이 증가함에 따라 불확실성이 '낮은' 등급은 2^0, '중간' 등급은 2^{-1}, '높은' 등급은 2^{-2} 순으로 기하급수적으로 감소한다. 형량 결과, Wi, j의 값이 1보다 크면 Pi가 Pj보다 우선한다는 뜻이고, 1보다 작으면 Pj가 Pi보다 우선한다는 뜻이며, 그 값이 1이면 '교착상태'에 빠진다. 즉 형량공식이 결론을 내려주지 못한다는 것이다.

ㄱ. Pi가 재산권 보장에 관한 법원칙이고 Pj가 생명권 보장에 관한 법원칙이라면, 다른 조건과 관계없이 Wj가 Wi보다 클 것이다.

ㄴ. 주어진 사안에서 Pj를 침해함으로써 발생하는 해악의 강도가 같은 사안에서의 Pi의 중요도보다 크더라도, Pi와 Pj는 교착상태에 빠질 수 있다.

ㄷ. Rni과 Rnj가 같을 때, 추상적 중요도가 같은 법원칙 Pi와 Pj에 대하여, Pi의 중요도가 중대하며, Pi를 지지하는 경험적 전제의 불확실성이 낮다면, Pi와 Pj는 교착상태에 빠질 수 없다.

① ㄱ ② ㄷ ③ ㄱ, ㄴ
④ ㄴ, ㄷ ⑤ ㄱ, ㄴ, ㄷ

[4~6] 다음 글을 읽고 물음에 답하시오.

과학은 ㉠ 대칭성을 추구하는데, 대칭성이란 '변화를 알 수 없는 성질'을 의미한다. 즉 사물이나 도형 등의 대상을 어떤 특정 방식으로 변환해도 처음 상태와 구별할 수 없는 경우 그 대상이 그 변환에 대해 대칭성을 가진다고 한다. 가령 평면상에 그려진 원의 중심 즉 중심점을 지나는 수직선을 그으면 그 수직선을 기준으로 원은 두 개의 반원이 된다. 이 중 한 개의 반원을 원의 중심점을 중심으로 180도 돌리는 경우 나머지 한 개의 반원과 겹쳐지게 되는데 이 경우 원은 그 수직선에 대해 대칭성을 가진다. 즉 어떤 도형의 중심점을 지나는 수직선으로 양분되는 두 부분 중 한 부분을 그 도형의 중심점을 평면에서 180도 회전시켰을 때, 그 두 부분이 완전히 겹치면 그 도형은 수직선에 대해 대칭성을 가진다. 입자 물리학의 표준모형도 대칭성의 원리에 기초해 있다.

표준모형이 담고 있는 대칭성을 '게이지 대칭성'이라 하고 이를 설명하는 이론을 '게이지 이론'이라고 하는데 여기서 게이지란 척도를 의미하므로 게이지 대칭성이라는 것은 우리가 자연을 바라보는 척도를 변화시켜도 변화된 척도에 따라서 자연법칙이 바뀌지 않는다는 것을 의미한다. 예를 들어 물리 이론은 파동을 통해서 기술되는데, 우리가 파동을 기술하는 좌표계를 바꾸면 파동의 위상도 함께 바뀐다. 이처럼 파동의 위상은 우리가 임의로 정한 기준점에 따라 변하는 양이므로 물리적인 실체가 없다. 그러므로 우리가 파동을 기술하는 좌표계가 바뀌어서 파동의 위상에 변화가 오더라도 자연을 기술하는 물리 이론은 전혀 변화가 없어야 한다. 이 같은 물리 이론이 게이지 대칭성을 만족시키려면 우리가 임의로 파동의 위상을 변화시켜 줄 때마다 변화된 위상을 자동적으로 상쇄시켜 주는 무엇인가가 필요한데 이와 같은 임무를 가진 입자를 '게이지 입자(gauge particle)'라고 한다. 게이지 입자에는 중력을 매개하는 중력자, 전자기력을 매개하는 광자, 약력을 매개하는 W입자와 Z입자, 강력을 매개하는 글루온이 있다.

자연계의 모든 물질은 6개의 중입자와 6개의 경입자로 구성되어 있고 이들 입자 사이에는 중력, 전자기력, 약력, 강력의 네 가지 힘이 존재한다. 그리고 이들 네 가지 힘에는 각각의 힘을 매개하는 입자가 있는데, 앞서 설명했듯이 이 같은 입자들이 게이지 입자인 것이다. 게이지 대칭성은 입자들이 서로 구분될 수 없음을 의미하는 반면 질량은 입자를 구분하는 가장 기본적인 속성이므로 게이지 이론에 따르면 모든 입자들은 질량이 없어야 한다. 그러나 현실에서는 많은 입자들이 질량을 가진다. 게이지 이론에서는 이 딜레마를 해결할 수 없었지만, 수십 년 후 자발적 대칭성 깨짐이라는 개념이 도입되고 나서야 이 문제를 해결할 수 있었다. 자발적 대칭성 깨짐이란 이론상에서는 대칭성이 있으나 그 이론이 현실에 나타날 때는 대칭성이 깨진다는 것이다.

위와 같은 개념이 도입되기 위해서는 '힉스 메커니즘'이라는 가설을 도입하여 입자에 질량을 부여하는 과정이 필요하다. 표준모형에 의하면 힉스 입자는 우주의 모든 공간에 가득 차 있으며 소립자의 질량을 만들어낸다. 우주 공간에 가득 차 있는 힉스 입자는 입자와 충돌하여 입자의 움직임에 방해가 되고, 그 방해가 되는 정도를 두고 소립자의 질량으로 파악한다. 빛의 입자인 광자는 힉스 입자와 충돌하지 않기 때문에 움직임에 방해를 받지 않고 자연계 최고의 속도를 가진다. 그래서 광자는 질량이 전혀 없는 0이다. 즉 물리학에서는 질량을 측정할 때 움직이는 정도를 척도로 파악하는데 입자의 움직임에 따라 질량을 파악하는 것이다. 특히 힉스 입자는 스핀이 없고, 전기적 특성을 가지지 않는 불안정한 입자이기 때문에 빠른 속도로 붕괴하거나 다른 입자로 변형되어 직접 관찰이 불가능하다. 그렇기 때문에 힉스 입자가 붕괴하면서 발생하는 입자를 관측하여 힉스 입자의 존재를 증명해야 한다.

현대 물리학에서는 빅뱅으로 우주가 탄생했을 때는 고온으로 인해 힉스 입자가 존재하지 않았기 때문에 모든 소립자의 질량이 0이었으며 이후 힉스 입자의 등장으로 광자를 제외한 나머지 입자들이 질량을 가지면서 소립자들이 모여 원자의 구조를 가지게 되었다고 본다. 몇 년 전 이와 같은 힉스 입자의 존재가 실험을 통해 증명됨으로 인해 게이지 이론이 참일 가능성은 매우 높아졌다.

4. 윗글의 내용과 일치하지 않는 것은?

① 힘을 매개하는 입자의 종류는 총 4종류이다.
② 자연계의 물질을 구성하는 입자의 종류는 총 12개이다.
③ 게이지 입자가 질량을 가지면 게이지 대칭성은 성립되지 않는다.
④ 힉스 입자가 존재하지 않으면 광자와 글루온을 구분할 수 없다.
⑤ 자발적 대칭 깨짐이라는 개념이 생기기 전까지 게이지 이론은 모순점을 가지고 있었다.

5. 윗글을 바탕으로 추론한 것으로 적절하지 않은 것은?

① 힉스 입자는 아직까지도 관찰되지 않고 있다.
② 힉스 입자는 일정 수준 이상의 온도에서는 존재할 수 없다.
③ 우주상에 존재하는 모든 입자들이 질량을 가져야 원자가 발생할 수 있다.
④ 힉스 입자로부터 어떠한 영향도 받지 않는 입자가 존재하면 그 입자의 질량은 0이다.
⑤ 힘을 매개하는 입자들이 없다면 파동을 기술하는 좌표의 변화로 인해 변화된 파동의 위상을 상쇄시킬 수 없다.

6. ㉠을 바탕으로 <보기>의 도형을 이해할 때 ㄱ~ㄷ 중 맞는 것만을 있는 대로 고른 것은?

<보 기>

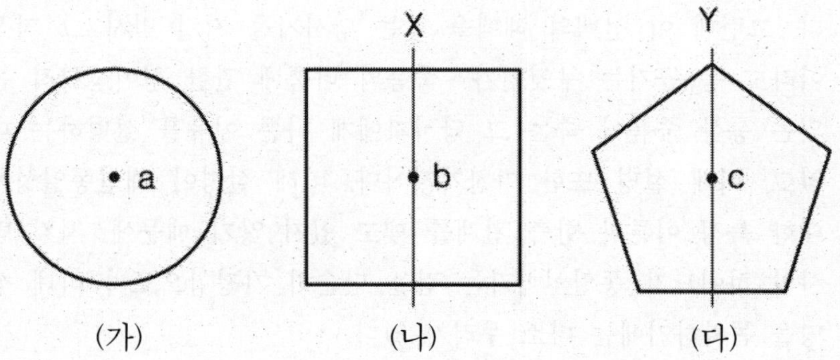

(가)는 원, (나)는 정사각형, (다)는 정오면체를 나타내며 a, b, c는 각각 도형의 중심이다. 직선 X는 (나) 도형의 중심을 지나면서 X가 만나는 두 변과 수직을 이루고 있고, Y는 도형의 중심을 지나면서 Y가 만나는 하나의 변과 수직을 이루고 있다.

ㄱ. a를 지나는 직선으로 구분되는 원의 두 영역의 면적은 항상 동일하다.
ㄴ. b를 지나가는 직선 중 대칭을 만들 수 있는 직선은 4개이다.
ㄷ. (다)의 도형은 Y에 대해 대칭성을 가진다.

① ㄱ ② ㄴ ③ ㄱ, ㄷ
④ ㄴ, ㄷ ⑤ ㄱ, ㄴ, ㄷ

[7~9] 다음 글을 읽고 물음에 답하시오.

죽음의 나쁨에 대한 비례 설명에 따르면 죽음이 죽는 당사자에게 나쁜 정도는 죽음이 박탈하는 좋음의 양에 비례한다. 일각에서는 이에 대한 반례로 '지킬 박사 사례'를 든다. 숨을 거두기 직전인 지킬 박사는 특정 약물을 복용함으로써 1년을 더 살 수 있는데, 이 약물은 복용 즉시 지킬 박사를 하이드로 변화시킨다. 이 입장에서는 비례 설명이 지킬 박사가 약물을 마시는 선택을 해야 한다는 것을 함축한다고 본다. 그런데 이들의 주장에 따르면 이러한 결론은 이 두 선택지 사이에 어느 것도 다른 것보다 더 선호할 만하지 않다는 우리의 직관적인 판단과 어긋나므로 비례 설명을 받아들이기 어렵다.

그러나 비례 설명은 지킬 박사가 그러한 선택을 해야 한다는 것을 함축하지 않는다. 비례 설명을 비판하는 이들이 이와 같이 주장하는 이유는 지킬 박사가 약물을 마시는 선택을 했을 때 그 선택이 죽음이 앗아가는 좋은 것을 줄일 수 있다고 보기 때문이다. 그런데 이 선택의 혜택을 받는 당사자를 지킬 박사 그 자신이라고 볼 근거는 무엇인가? 죽음의 나쁨에 관한 형이상학적 논의는 통상 죽음이 죽는 그 당사자에게 나쁜 이유를 설명하는 데 있고, 비례 설명 또한 마찬가지이다. 비례 설명이 개인동일성에 대한 특정 이론과 함축 관계를 맺고 있지 않기 때문에, 지킬 박사와 하이드가 동일인이라는 점을 단순히 가정함으로써 비례 설명을 논박하기에는 다소 무리가 있다.

죽음의 나쁨에 대한 또 다른 이론인 심리적 연결 설명에 따르면 죽음이 나쁜 정도는 죽음이 박탈하는 좋은 것을 죽음의 시점에서 판단되는 미래 자아와의 심리적 연결에 비추어 다시 계산한 것의 양에 비례한다. 이에 반대하는 입장에서는 반례로서 '냉동 인간 사례'를 제시한다. 죽음을 앞둔 30세의 수학자 철수는 죽기 전에 수학의 최고 난제를 해결하고 이 업적으로 로즈 상을 받기를 원한다. 로즈 상은 40세 이상의 살아있는 수학자에게만 수여되므로 이를 위해서는 자신을 10년간 냉동시켜야 한다. 이 경우 10년 후 철수에게 로즈 상이 수여되지만, 깨어난 철수는 지난 일을 전혀 기억하지 못하며 단 몇 시간만 생존할 수 있다. 이들은 심리적 연결 설명에 따른다면 철수는 40세의 죽음을 30세의 죽음보다 더 선호할 이유가 없다는 결론이 나오지만, 철수의 입장에서 본다면 30세의 죽음이 40세의 죽음보다 더 나쁘다고 주장한다. 냉동을 선택해야지만 철수의 오랜 꿈이 실현될 수 있기 때문이다. 이 입장에 따르면 철수가 로즈 상의 수상자로서 기쁨을 느낄 수 있는지는 로즈 상 수상이라는 소망의 실현 여부와 무관하다.

이러한 논변은 비례 설명에 대해 범했던 것과 같은 종류의 오류를 범하고 있다. 철수가 원하는 것은 다른 사람이 아니라 철수 자신이 로즈 상을 받는 것이다. 그리고 이러한 소망이 이루어지기 위해서는 10년 후에 냉동 상태에서 깨어난 사람이 30세 당시의 철수와 동일인이어야 한다. 그런데 '냉동 인간 사례'에 의하면 냉동 상태에서 깨어난 사람은 지난 일을 전혀 기억하지 못한다. 그렇다면 앞선 논의와 마찬가지로 개인동일성에 대한 특정 이론을 가정하지 않는 이상, 단순히 냉동 상태에서 깨어난 그 사람이 철수와 동일한 신체를 소유하고 있다는 사실만으로 두 사람을 동일인이라고 단정 지을 수는 없다.

또 다른 대안인 과거 노력 설명에 의하면 죽음의 나쁜 정도는 죽는 당사자가 자신의 삶을 위해 과거에 기울인 노력을 죽음이 무력화시키는 정도에 비례한다. 이 이론은 '냉동 인간 사례'에서 왜 철수가 자신을 냉동시키는 선택을 하는 것이 합리적인지에 대해 설득력 있는 설명을 제시한다. 이 설명은 또한 일반적으로 젊은이의 죽음이 아기의 죽음보다 더 나쁘다는 점을 함축한다는 점에서도 우리의 직관과 부합한다. 그런데 과거 노력 설명은 일반적으로 젊은이의 죽음이 노인의 죽음보다 더 나쁘다는 우리의 직관을 잘 설명하지 못한다는 비판에 직면할 수 있다.

이에 대해 과거 노력 설명을 옹호하는 입장에서는 '과거 노력 훼손 기준'을 대안으로 제시한다. 이 기준에 따르면 과거에 주어진 시간이나 기회가 많을수록, 그리고 미래에 주어질 시간이나 기회가 적을수록 과거의 노력이나 계획이 훼손되는 정도가 덜하다. 그런데 이 기준이 참인지는 의심스럽다. 과거에 많은 시간 공을 들여 추진해 왔던 계획이 당사자의 죽음으로 인해 무산되는 것은 상대적으로 적은 시간 동안 공을 들여 추진해 왔던 계획이 무산되는 것보다 더 나쁠 수 있기 때문이다. 뿐만 아니라, 과거 노력 자체가 존재하지 않는 갓난아기의 경우는 어떻게 처리해야 하는지의 문제도 남는다. 이는 과거 노력 설명이 죽음의 나쁨에 대한 불완전한 설명이라는 점을 보여 준다.

7. 윗글에서 알 수 있는 내용으로 적절한 것은?

① 심리적 연결 설명을 비판하는 입장에서는 개인동일성에 근거해 이론의 허점을 지적한다.
② 비례 설명과 달리 과거 노력 설명에는 죽음의 나쁨에 관한 형이상학적 논의가 적용되지 않는다.
③ 과거 노력 훼손 기준에 따르면 노인의 과거 노력 훼손 정도가 젊은이의 경우에 비해 더 심하다.
④ '냉동 인간 사례'에서 30세의 철수와 냉동 상태에서 깨어난 40세의 철수가 동일인이라고 볼 수 있는 방법은 없다.
⑤ 비례 설명을 비판하는 입장에서는 '지킬 박사'가 약물을 마시는 경우, 죽음으로 인해 좋음이 사라지는 정도가 감소한다고 전제한다.

8. 윗글에 관하여 추론할 수 있는 것으로 적절하지 <u>않은</u> 것은?

① 비례 설명이 신체의 동일성을 기준으로 개인동일성을 판단하는 이론을 함축한다면 '지킬 박사 사례'를 들어 비례 설명을 비판하고자 하는 주장은 더욱 설득력을 얻는다.
② '노인의 경우 더 오랜 세월을 살아왔기 때문에 죽음으로 인해 좌절되는 과거의 노력이 젊은이보다 많다는 점'과 과거 노력 설명을 옹호하는 입장은 양립할 수 있다.
③ 인간의 수명이 일정하다고 전제할 때, '젊은이의 죽음, 아기의 죽음, 노인의 죽음 중 무엇이 가장 나쁜지'와 관련하여 과거 노력 설명과 '과거 노력 훼손 기준'의 대답은 일치한다.
④ 철수가 '반드시 본인이 아니더라도 누군가가 수학적 난제를 해결하는 것'을 바라고 자신을 냉동해야만 이것이 가능하다면 심리적 연결 설명에서는 철수가 자신을 냉동시킬 이유가 있다고 판단할 것이다.
⑤ '냉동 인간 사례'에 대해 심리적 연결 설명을 비판하는 입장에서는 심리적 연결 설명이 '40세에 냉동 상태에서 깨어난 철수는 30세의 철수와 심리적으로 전혀 연결되어 있지 않다고 볼 것'이라고 주장한다.

9. 윗글과 관련하여 <보기>에 대해 추론한 것으로 가장 적절하지 않은 것은?

<보 기>

젊은이의 죽음이 가장 나쁘고, 갓난아기의 죽음이 그보다 덜 나쁘며, 노인의 죽음이 가장 덜 나쁘다는 우리의 직관을 설명하기 위해 '더하기 설명'을 활용할 수 있다. 이 설명에 따르면 죽음의 나쁜 정도는 과거의 노력이 무산되는 정도와 죽음이 박탈하는 미래의 좋음을 더한 값에 비례한다.

	죽음으로 인해 박탈되는 미래의 좋음을 호환할 수 있는 가치로 환산한 값	과거 노력의 무산 정도를 호환할 수 있는 가치로 환산한 값
갓난아기	D_1	F_1
젊은이	D_2	F_2
노인	D_3	F_3

이와 관련하여 '더하기 설명'에서는 아래와 같이 전제한다.

전제1 : $D_2 > D_1$, $D_2 > D_3$

전제2 : $F_2 > F_1$, $F_2 > F_3$

① '더하기 설명'은 '과거 노력 설명'과 '비례 설명'을 취합함으로써 고안된 이론이다.

② '더하기 설명'의 전제로부터 결론이 반드시 도출되는 것은 아니라는 비판이 제기될 수 있다.

③ 젊은이의 수명과 갓난아기의 수명이 비슷하고 동일한 삶을 살 것이라고 전제한다면 전제1은 거짓이 된다.

④ '과거 노력 훼손 기준'을 오직 과거의 노력이 존재하는 개인들에 대해서만 적용한다면 전제2는 거짓이 된다.

⑤ '과거 노력 훼손 기준'의 타당성 여부와 관계없이 전제2를 참이라고 볼 근거를 찾기 어렵다는 비판이 제기될 수 있다.

[10~12] 다음 글을 읽고 물음에 답하시오.

19세기 초 미국은 60%의 관세를 매겼다가 1930년에는 스무트-할리법을 통해 50%로 매겼다. 하지만 1934년 호혜통상협정법(RTAA) 제정 이후 낮은 관세를 매기며 자유무역 기조를 확실히 하였다. 베일리는 이러한 변화를 설명하기 위해 1930년 이후의 상황을 바탕으로 의회와 정당, 대통령과 무역국가 등의 행위주체들의 선호를 분석한 정교한 ㉠ 공간모형을 고안하였다. 모형의 전제는 다음과 같다. 첫째, 대통령은 적어도 외형적으로는 자유무역을 지지한다. 국민들은 자유무역을 지지하는 경향이 있기 때문이다. 둘째, 각 행위주체는 자신에게 더 가까운 위치의 정책을 선호하고, 거리가 같으면 선호도 같다. 따라서 각 주체의 선호는 원형태의 무차별곡선으로 나타내어질 수 있다. 셋째, 각각 민주당은 자유무역을, 공화당은 보호무역을 더 선호한다. RTAA 제정 이전의 미국은 의회에서의 법률 제정을 통해 관세를 일방적으로 정하였기 때문에, 이때의 의사결정을 가로축과 세로축을 각각 미국과 외국의 관세로 하는 [그림 1]과 같이 나타낼 수 있다.

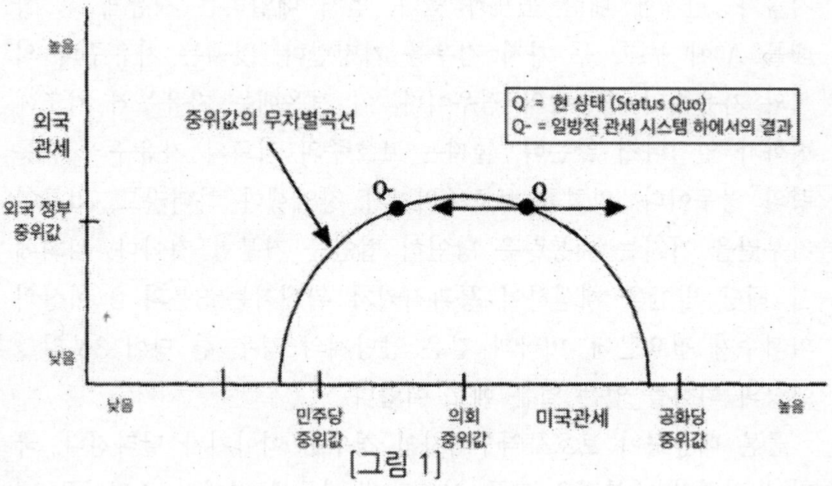

[그림 1]

[그림 1]에서는 보호주의 법안인 스무트-할리법을 Q로 두고 시작한다. 의회에서 법안은 과반수로 가결된다. 즉, 의회 중위값이 가결 여부를 결정하기에 Q점은 의회 중위값의 무차별곡선 위를 지난다. 그런데 이 경우, RTAA가 없어 관세를 정하는 방식은 일방적이다. 즉, 이론적인 모형상 외국의 관세는 고정되어 있는 것이다. 따라서 그래프 상에서 Q점과 가로축이 평행한 방향으로밖에 관세가 움직일 수밖에 없고, 민주당은 의회 중위값의 무차별곡선이 Q를 지나는 가로축에 평행한 직선이 왼쪽에서 만나는 지점인 Q-를 제안하려고 할 것이다. 그런데 이 지점은 최선의 경우가 아니다. 외국과 관세 협의를 한다면 둘 다에게 더 이득이 되는 지점까지 협상이 가능하기 때문이다.

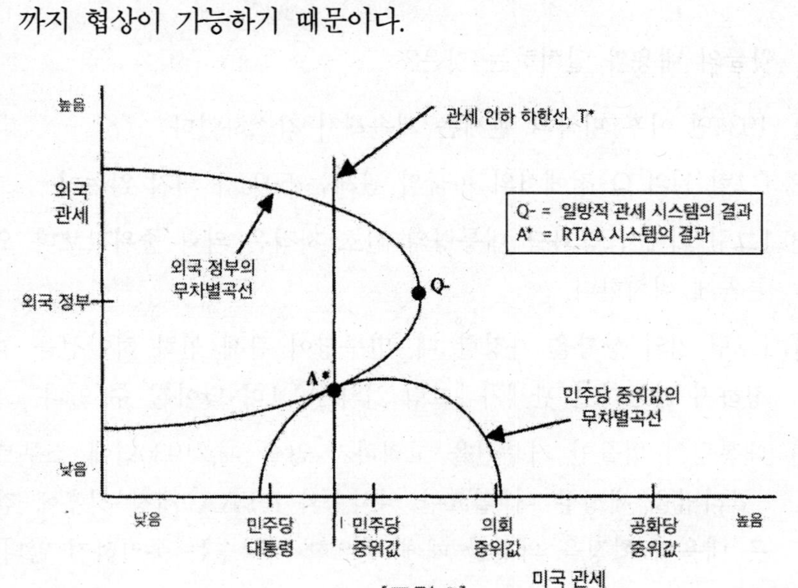

[그림 2]

[그림 2]는 RTAA가 제정된 이후의 공간모형이다. RTAA 하에서는 대통령이 먼저 외국 정부와 관세를 협상하는 방식으로 협정이 이루어지고, 이후에 의회가 협정을 의결한다. 모형은 당시 실제 역사 그대로 민주당이 과반수 의석을 차지하고 대통령까지 배출한 상황을 가정한다. 민주당 대통령은 자신의 선호 지점에서 가까운 쪽에서 외국의 무차별곡선과 맞추려고 할 것이다. 하지만 대통령이 관세를 너무 낮게 설정하여 의회 중위값은 물론, 민주당 중위값까지 벗어나면 협정이 의회에서 과반수를 얻지 못하여 의결되지 않는다. 따라서 민주당 의원들은 자신의 중위값을 기준으로 자신들이 외국 관세에 가장 동의할 수 있는 지점, 즉 외국의 무차별곡선과 자신들의 선호 지점 사이의 거리가 가장 가까운 지점에 관세 인하 하한선을 설정한다. 따라서 민주당의 하한선과 외국의 무차별곡선이 만나는 지점 중 대통령이 선호하는 곳인 A^*점이 관세 협상의 결과가 된다. 결국 미국과 외국 모두 기존의 관세인 Q-보다 관세가 줄어드는 효과를 얻으므로, RTAA가 없을 때보다 더 좋은 결과를 냈다고 볼 수 있다.

하지만 의회와 행정부의 구성이 변화한다고 해도 해당 모형이 지속가능한지에 대한 문제가 있다. 먼저 베일리는 새롭게 현 상태를 A^*에 두고, 두 가지 경우를 가정한다. 첫째는 자유주의 의회와 자유주의 대통령의 경우이다. 이 경우에는 자유무역 기조에 변화가 일어나지 않는다. 둘째는 보호주의 의회와 자유주의 대통령의 경우이다. 의회를 보호주의자가 장악했다 하더라도, 법률안 거부권을 가지는 대통령은 당연히 법안을 거부할 것이다. 의회에서 해당 법안을 재심하여 통과시키기 위해서는 3분의 2 이상의 의석수가 필요한데, 미국과 같은 양당제의 경우 한 당이 3분의 2 이상의 의석을 얻는 일은 매우 어렵다.

물론 대통령이 보호무역주의자인 경우는 이야기가 달라진다. 국민이 의회와 대통령을 모두 선출하기 때문에 의회의 중위값은 대통령과 국민의 의사를 따라 조금 이동하는데, 이 경우에는 의회의 중위값이 오른쪽으로 이동하게 된다. 여기서 의회의 중위값이 RTAA 하의 합의지점인 A^*를 뒤집을 수 있을 정도까지 오른쪽으로 이동한다면, 관세를 높이는 방향의 정책을 펴게 될 것이다. 다만 대통령의 지역구는 전국이기 때문에 전국의 국민들에게 이득이 되는 자유무역을 선호하며, 실제로도 20세기의 모든 대통령들은 개인적 호오와는 무관하게 자유무역을 정책적으로 선호해왔다. 따라서 베일리는 RTAA 시스템 하에서 자유무역 기조가 무너지는 것은 거의 불가능할 것으로 예측하였다.

10. 윗글의 내용과 일치하는 것은?

① 1934년 이후 미국의 관세는 계속해서 감소하였다.
② [그림 1]의 Q-점에서의 미국의 관세는 50%가 되지 않는다.
③ [그림 1]에서 공화당 대통령의 선호 지점은 의회 중위값보다 오른쪽에 위치한다.
④ [그림 2]의 상황을 가정할 때, 민주당이 관세 인하 하한선을 설정하지 않는다면 관세가 [그림 2]의 A^*보다 낮아질 수 있다.
⑤ 대통령의 법률안 거부권을 고려하지 않을 때, 1930년에 스무트-할리법을 제정할 때 필요한 의석수와 RTAA 제정 직후에 같은 내용의 협정을 의결할 때에 필요한 의석수는 동일하지 않다.

11. ㉠에 대해 추론한 것으로 적절한 것은?

① RTAA 제정 이전과 제정 이후 모두 의회 중위값은 고정되어 있지 않다.
② RTAA 제정 이후 미국의 대통령들은 개인적 선호에 반하여 외형적으로는 자유무역을 지지해왔다.
③ RTAA 제정 이후에는 자유무역 법안은 제정할 수 있으나 보호무역 법안을 제정하는 것은 불가능하다.
④ 1930년부터 1933년까지 의회의 구성이나 대통령이 변화하지 않았다면, 스무트-할리법의 관세보다 더 높은 관세를 매기는 것이 가능하다.
⑤ 공화당이 의회의 다수당이고 대통령이 자유무역주의를 선호하는 경우, RTAA 제정 이후에는 공화당이 2/3 이상의 의석수를 갖추지 못하면 보호무역 법안이 통과될 수 없지만, 의회가 관세를 제정하는 RTAA 제정 이전에는 늘 과반수로 충분하다.

12. <보기>를 바탕으로 윗글에 대해 이해한 것으로 적절하지 <u>않은</u> 것은?

<보 기>

RTAA가 제정된 1934년부터 베일리가 해당 모형을 발표한 1997년까지 미국의 대통령들은 자유무역을 선호해왔기 때문에, 베일리는 RTAA 시스템 하에서 자유무역 기조가 무너지는 것은 매우 어려울 것으로 예측하였다. 하지만 20세기 초반부터 국제 무역 질서 및 전 세계적 자유무역 확대를 주도해온 미국이 2016년 트럼프 행정부의 출범과 더불어 미국 우선주의를 표방하며 보호무역주의로 급선회하였다. 트럼프 대통령은 선거 운동 기간 NAFTA 및 한미 FTA 재협상을 강력히 주장하였었는데, 임기 중에 실제로 공약을 그대로 진행해 나가고 있는 양상이다. 특히 러스트 벨트 지역을 지지기반으로 당선되어, 제조업 부흥을 강력히 표방하며 보호무역을 통한 제조업 일자리 창출을 추진하고 있다. 이러한 트럼프 정부의 보호무역주의는 전 세계 무역 질서에 거대한 영향을 미치고 있다.

① 트럼프 대통령의 NAFTA 및 한미 FTA 재협상 과정에서는 민주당이나 공화당이 관세 인하 하한선을 설정할 필요가 없겠군.
② 트럼프 행정부가 보호무역을 통해 러스트 벨트 등의 제조업 지역을 부흥시키는 데에 성공할지라도 전국 단위의 국민들에게는 손해가 될 수 있겠군.
③ 2016년에 대통령 선거와 동시에 하원의원 선거가 있었다면, 이때 당선된 하원의원들의 중위값은 베일리의 공간모형으로 나타냈을 때 직전 의회 중위값보다 조금 오른쪽에 위치하겠군.
④ 외국 정부의 무차별곡선이 그대로일 때, 트럼프 행정부와 의회가 기존의 합의지점인 [그림 2]의 A^*를 뒤집는 데에 성공한다면 관세가 [그림 2]의 Q-보다 높게 형성될 가능성이 있겠군.
⑤ 외형적으로는 자유무역을 지지하던 전임 대통령들과는 달리 강력한 보호무역주의를 핵심 공약으로 내세운 트럼프 대통령의 등장은 기존 시스템에서의 자유무역 기조에 강한 위협이 되겠군.

[13~15] 다음 글을 읽고 물음에 답하시오.

'비평이란 무엇인가'라는 질문은 비평가에게는 그 대답을 피할 수 없는 실존적 물음과 같다. 그것은 비평에 대한 메타적 인식이 형성되는 과정에서 반드시 제기될 수밖에 없는 물음이며, 비평가로서의 자기 정체성은 그러한 메타적 질문에 답함으로써 정립된다.

㉠바르트는 「비평이란 무엇인가」에서 비평이 '진실'을 원칙으로 삼아 올바르게 말하는 것과는 다른 것이라고 말한다. 가령 실증주의는 문학은 '진실'을 품고 있고, 그 '진실'은 자명한 사실에 의해서 밝혀지는 것이므로 그 명확한 사실을 적시함으로써 '진실'을 올바로 규명하는 것이 비평의 목적이라 주장한다. 그러나 바르트는 실증주의가 그러한 '진실'의 밝힘을 비평의 원칙으로 내세우는 것은 비평의 대상이 문학작품이며, 작품의 인식은 인식 과정의 주관성에 영향 받는다는 사실을 간과한 데 따른 것으로 본다. 문학작품은 작품이 다루는 세계의, 인간의, 대상의 진실에 대해 말할 수 있다. 그러나 비평은 인간-세계의 진실에 대해 말하는 것이 아니다. 비평은 작품에 대해 말한다. 즉 비평의 대상은 '타자의 담론'이다. 비평은 메타-언어로서 '담론에 대한 담론'인 것이다. 그러니까 비평은 문학작품이라는 타자의 담론이 담론으로서 얼마나 유효한가를 따져 묻고 그것의 유효함 혹은 유효하지 않음을 검토하는 것이다.

이때 유효함이란 작품은 언어 체계에 의해 구성되는 것이므로 논리정연한 기호 체계를 이룬다는 것을, 그리고 독자에게 주어진 그 체계는 언어화의 규칙 혹은 제약에 따라 작품의 의미를 완성하므로 그러한 완성에 작가가 고집한 체계가 얼마나 제대로 기능했는가의 여부를 가늠하는 것을 뜻한다. 따라서 비평의 역할은 작품의 언어적 체계의 유효성을 검토하는 것이며, 작품의 유효성의 검토란 문학 언어에 작용하는 규칙에 작품이 얼마나 '복종'했는가를 살피는 것이라 할 수 있다. 다시 말해 작품의 의미를 해독하는 것이 아니라, 그 의미를 완성시키는 규칙, 제약을 재구성하는 것이 비평이다. 그리고 유효성의 발견은 비평 또한 언어 체계의 규칙을 따라야 하는 만큼 자신이 정한 추론의 유효성을 시험하고 준수할 때 성취된다. 비평은 그 시대가 비평에 제공한 이데올로기-언어에 따라 작가가 완성한 논리적 제약의 형식 체계에 맞추는 형태적인 조작이다.

비평의 객관성에 대한 이러한 설명에도 불구하고, 랑송주의*의 절대적 객관성만큼 그 자신의 비평도 절대적으로 주관적이지 않은가라는 피카르의 비판에 대해 바르트는 더 간결하게 비평의 객관성을 정리한다. 피카르에 따르면 특정 극작을 해석하는 바르트의 오류는 비평가의 자의적인 선택과 규칙의 제정에서 비롯한다. 비평은 진실을 말할 수 없다고 했으니 바르트는 논리의 근거를 임의로 정하여 선택한 규칙을 무분별하게 적용하고 있다는 것이다. 이에 대해 바르트는 비평의 객관성이 비평가의 객관성과 동일한 것으로 이해된다면, 비평가의 객관성이란 규정의 선택에 기인하지 않는다는 점을 분명히 한다. 랑송주의는 문학은 '자명한 것'이며 그것이 그대로 드러날 수 있다는 믿음 하에 이를 규칙화하였지만, 자명한 것이란 '자명한 것으로 선택된 것'에 불과하다. 그것들은 벌써 해석인 것이다. 왜냐하면 그것들은 심리학적 혹은 구조적 선택을 전제로 하고 있기 때문이다.

규정의 선택이 해석에 근간하고, 해석이 비평가의 주관성에 결부되어 있는 한 절대적으로 자명한 것, 절대적으로 객관적인 것이란 존재하지 않는다. 따라서 규정의 선택을 객관적이냐 주관적이냐 판정하는 것은 의미가 없다. 만일 비평가의 객관성을 판단하고자 한다면, 그것은 그가 선택한 모델, 일종의 약호(code)를 그 대상에 엄격하게 적용하였는가의 여부에 달려 있다. 비평의 객관성이란 자명성이 아니라, 비평가가 선택한 모델을 적용하는 엄격성을 의미한다. 그러한 엄격성을 따를 때, 비평은 타당성과 논리성을 획득할 수 있다. 비평의 과학성과 객관성이란, 요컨대, 논리적 엄격성이나 타당성 내지 조리정연함을 뜻한다. 비평의 주관성은 이러한 객관성이 확보된다면, 더 이상 비과학적이라는 이유로 비난 받을 까닭이 없다. 비평은 모순되게도 그러나 진정하게 객관적이면서 주관적이고, 역사적이면서 실존적이며, 전체주의적이면서 자유주의적일 수 있다. 비평의 객관성은 주관성의 영역 속에서 주관성을 극복하는 내적 조리정연함을 담론적으로 재구성해내는 것에 다름 아니다.

* 랑송주의: 프랑스의 비평가이자 문학사가인 랑송의 비평 이론과 문학사 방법론을 이르는 말. 자료의 엄밀한 검토, 작가의 환경·시대·역사와의 관련성 추구를 특색으로 한다.

13. 윗글과 일치하지 <u>않는</u> 것은?

① 바르트에 따르면, 비평가의 임무는 작품을 기능의 체계로 취급하여 그 체계를 재구성하는 데 있다.
② 규정 선택의 자의성을 비판하는 피카르와 달리, 바르트는 규정 선택의 자의성이 비평의 객관성을 확보하는 전제라고 본다.
③ 바르트에 따르면, 비평의 주관성은 내재적 분석의 엄밀한 방법화 및 그러한 방법의 일관된 적용을 통해 객관적인 것으로 기술될 수 있다.
④ 문학의 자명성을 신뢰하는 랑송주의와 달리, 바르트는 절대적 객관성은 그에 전제된 비평가의 주관성을 간과한 것으로서 실재하지 않는다고 주장한다.
⑤ 바르트에 따르면, 비평적 글쓰기는 과학적 실증의 영역이 아니라 타자의 담론을 자신에게 주어진 기호체계의 규약에 따라 내적으로 재구성하는 담론의 담론이다.

14. ㉠이 동의할 진술만을 <보기>에서 있는 대로 고른 것은?

<보 기>

ㄱ. 비평의 객관성은 조리정연함이 결과짓는 논리적 타당성이며, 이는 객관화를 추구하는 과정에서 수립된다.
ㄴ. 지켜야 할 규범이 사전에 정해져 있고, 그 규범을 정확히 따르면 객관성이 확보된다는 생각은 시대적 흐름이 요청하는 방법과 관점의 변화를 수용할 수 없다.
ㄷ. 객관성을 선험적으로 존재하는 외적 기준의 충족으로 간주하는 한, 문학비평은 보편성의 추구라는 본래의 의도와는 달리 주관적 집착이 된다.

① ㄱ　② ㄷ　③ ㄱ, ㄴ
④ ㄴ, ㄷ　⑤ ㄱ, ㄴ, ㄷ

15. 윗글을 바탕으로 <보기>를 분석한 것으로 적절하지 않은 것은?

<보 기>

(가) 나는 아무리 객관적으로 자료를 대하려 해도, 자기의 주관성에서 완전히 자유로울 수는 없다는 것을 새삼스럽게 깨달았다. 객관성이란 주관적 오류가 최소한도로 줄어든 것에 다름 아니며, 추상적인 객관성이란 존재하지 않는 것처럼 생각된다. 그것은 내가 분석한 비평가들이 내 비평가들이지, 객관적으로 존재하는 비평가는 아닐 수도 있다는 것을 뜻한다. 내 비평가라는 말에 나는 이제 아무런 저항감도 느끼지 않는다. 그들은 그들이며 동시에 나다. 예를 들어, 바르트가 즐김의 공간을 보여줄 때, 그는 내 속의 그다.

- 김현, 「자료와 이론」 -

(나) 내가 벗어나지 못하는 강박관념의 대부분은, 내가 소박한 문학비평가로 남아 있고 싶다는 욕망에 그 뿌리를 두고 있다. 이론 서적을 뒤지기보다는, 아직도, 작품을 앞에 두고, 연금술사들의 고독한 몽상을 즐기고 싶은 것이다. 그것은 마음대로 오류를 범하고 싶다는 욕망에 다름 아니다.

- 김현, 「책 머리에」 -

① (가)의 '나'는 순수한 객관성은 존재하지 않고, 객관성을 추구하는 과정에서 주관성을 배제할 수 없다는 사실을 더 이상 문제시하지 않는다.

② (가)의 '나'에게 즐김의 공간을 보여주는 바르트는 객관화 과정에서 '나'의 주관성이 투영된 바르트로, 실존하는 비평가로서의 바르트와는 차이가 있다.

③ (나)의 '연금술사들의 고독한 몽상'은 '이론 서적'이라는 외적 기준에서 벗어난, 작품 각각의 개별적 특성에의 몰두와 향유를 가리킨다.

④ (나)의 '마음대로 오류를 범하고 싶다'는 욕망은 절대적 객관성 그 자체가 오류임을 자각하고, 그 오류를 용인하겠다는 의미로 해석될 수 있다.

⑤ (가)와 (나)를 작성함으로써 정립된, 김현의 비평가로서의 자기 정체성은 객관성에 관해 「비평이란 무엇인가」를 작성함으로써 정립된, 바르트의 비평가로서의 자기 정체성과 맥을 같이 한다.

[16~18] 다음 글을 읽고 물음에 답하시오.

형천(荊川) 당순지(唐順之)가 말하기를 "벼슬이 있어도 상벌이 없으면 이는 벼슬이 없는 것이요, 상벌이 있어도 천하에 힘을 다할 수 없으면 이는 상벌이 없는 것이다. 만일 직품과 관등에 따라 발탁하고 날짜를 계산하여 천거하면, 사람들이 곧 말하기를 '나는 진실로 의당한 것이다.' 하여, 부귀와 행복이 모두 자신에게는 저절로 이루어지게 되는 것처럼 여긴다. 그래서 은혜를 갚으려는 마음이 박해진다. 탐관오리가 재물을 탐내어 백성에게 각박하게 착취하되, 항상 드러나지 않음을 다행으로 여기고, 불행히 드러난다 하더라도 파면에 그치고 마니, 또 그 과실을 용서하고 끌어서 되돌아오게 함을 다행으로 여긴다. 그래서 방자한 마음은 더욱 늘어나고 징계하는 뜻은 사그라진다." 하였으니, 그 말이 아주 옳다.

대저, 상이란 작위(爵位)가 으뜸이고, 재화가 그 다음이다. 재화는 미천한 사람을 기쁘게 할 수는 있으나 사대부의 마음을 권면할 수는 없다. 빈천을 싫어하고 부귀를 좋아하는 것은 천하가 같은 심정이니, 작위로 움직이면 어느 누가 즐겨 따르지 않겠는가? 이제 만약 열 지어 날아가는 기러기나, 꿰미의 고기처럼 순차대로만 하면 공들인 바가 무익할 뿐만 아니라, 사람들이 착한 일을 하는 데에 사기가 저하되어 나라에는 인재를 기르는 실지가 없고, 선비는 능력을 닦는 방법이 게을러져서 온 세상이 점차 교양 없는 지경에 이르게 될 것이다.

벌은 죽이는 것이 으뜸이고, 작위를 뺏는 것이 그 다음이다. 우리나라는 영토가 넓지 못하여 멀고 소원한 사람은 쓰이지 못하고, 고관으로 벼슬하는 사람은 명문가 수십 집에 지나지 않는다. 이러므로 반드시 집안은 친척이나 아버지의 음덕으로 아들이 벼슬하여 익히 이루어지지 않을 수 없다. 그러므로 비록 재물을 탐하고 자자* 받을, 아주 불법한 일이 있더라도 누가 죄를 따지려 하겠는가? 만일 죄가 드러나더라도 사사로이 몰래 축탁하여 곧 무죄로 벗어나고, 또 혹 전적으로 덮어줄 수 없을 경우에는 일시 파면하는 데 불과하며, 형벌은 소원한 미관말직에게만 가할 뿐이다. 그러므로 온갖 방법으로 엿봐서 일체 청탁에만 뜻을 두어, 아침에 파직되었다가 저녁에 관모를 다시 쓰는 사람도 있다.

대저 재물을 탐하고 포학한 일을 사람들이 어찌 즐겨서 하겠는가? 재물을 탐하더라도 죄를 받지 않게 되면 집을 부유하게 할 수 있고, 권력자에게 뇌물질할 수 있다. 집을 부유하게 하면 자신은 편안하고 자손은 음덕을 받으며, 권력자에게 뇌물질하면 명예가 나고 녹봉과 작위가 떨어지지 않으니, 청빈한 몸으로 고생하면서 은덕을 받지 못하는 것과는 어느 것이 낫겠는가? 이는 그 사람의 죄만이 아니라, 곧 당시 정치가 그렇게 유도한 것이다. 그러나 만약 직품과 관등에 따라 승진하는 법을 일체 폐지하고 오로지 발탁으로만 하면 또 반드시 그 실상대로 다 얻지 못하고 혹 간사함이 넘치는 권한을 조성한 염려도 있으므로, 결국 등급을 ㉠ <u>9등(等)으로 나누고 고과를 평정하는 법</u>을 빨리 시행하는 것만 못하다.

지금 내직은, 정3품* 이상에 해당하는 당상관에게는 고과 평정이 없고, 그 밑에는 고과가 있기는 하나 하등이 없으니, 어찌 당상관은 다 직무를 완수하고, 당하관은 포악하거나 용렬한 사람이 없어서 그렇게 하는 것인가? 이러므로 모든 법도가 해이해져서, 관직을 차지하고 녹봉만 먹으며, 백성을 착취하여 제 몸만 살찌울 뿐이니, 나라가 어찌 쇠망하지 않겠으며, 백성이 어찌 곤궁하지 않겠는가? 만일 9등법을 시행한다면, 반드시 상상(上上)·상중

(上中)·하중(下中)·하하(下下)의 등이 있게 될 것이다. 그 상상에서 발탁하되 1년에 두 번 고사하여 첫 번에 상중을 받고 두 번째 상하를 받았더라도 이 세 가지 경우는 상상과 똑같이 등용하고, 하하에서 벌주되 첫 번에 하중을 받고 두 번째 하상을 받았더라도 이 세 가지 경우는 하하와 똑같이 벌을 준다.

당하관은, 육조(六曹)의 장관이 각기 소속을 고사하고, 사헌부와 사간원의 관리가 또 각각 고사하되 각기 고사한 등이 같지 않을 경우 하(下)를 따르는 것을 준례로 삼는다. 정3품 이상은 수효가 많지 않으니, 임금이 죄다 친히 시험하여 그 현명함과 어리석음을 알아두고 다만 의정부로 하여금 고사를 주관하게 하여 상벌을 위의 예와 같이 하면 어느 누가 두려워하여 진작하지 않겠는가? 그러나 고사 때마다 등용하는 자가 몇 사람씩 되면, 또 자리는 적은데 관원은 많을 걱정이 있으니, 모아서 고사하여 최고점이 많은 자를 등용해야 한다. 또 우리나라에는 승진은 있고 강등은 없어서 또한 폐단이 크니 하등으로부터 그 자급을 강등하면 좋을 것이다.

* 자자(刺字): 얼굴이나 팔뚝에 홈을 내고 먹물로 죄명을 씀.
* 정3품: 조선의 품계 중 하나로서 총 18품 중 제5급의 품계. 18품계는 정1품, 종1품, 정2품, 종2품, …, 정9품, 종9품의 순이다.

- 이익, 「성호사설」 -

16. 윗글의 내용과 일치하는 것은?

① 돈과 재물로는 사대부를 포함하여 누구의 마음도 진정으로 사로잡을 수 없다.
② 선비들이 능력을 갈고닦기를 게을리 하여 조정의 인재 등용 관행에 문제가 생겼다.
③ 직품과 관등에 따라 승진하는 방안보다는 발탁으로만 채용하는 방안이 비교적 낫다.
④ 인간은 본성적으로 재물을 탐하는 경향이 있으므로 이를 올바른 정치로써 바로잡아야 한다.
⑤ 그동안 관행을 보면 승진하는 일은 많이 있어도 나쁜 평가를 받아도 강등당하는 일은 없었다.

17. 윗글의 내용으로부터 추론한 것으로 적절하지 않은 것은?

① 재물을 탐하고 백성을 착취하는 관리가 적발되더라도 무거운 처벌을 받지는 않았다.
② 사형에 처하거나 관직을 삭탈하는 형이 제때에 맞게 시행되지 못하여 폐단이 발생했다.
③ 선행과 청빈함을 실천하기보다는 부귀를 좇고 작위를 지키기를 중시하는 경향이 두드러졌다.
④ 똑같이 죄를 지었어도 조정에서 일하는 관리들은 담당 관리에게 청탁하여 무죄로 벗어나기 일쑤였다.
⑤ 직품과 관등에 따라 사람을 등용하고 승진시키는 경우가 고과를 따져 사람을 등용하고 승진시키는 경우보다 흔했다.

18. ㉠에 부합하는 사례만을 <보기>에서 있는 대로 고른 것은?

<보 기>

ㄱ. 정2품인 A는 한 해에 의정부에게 고과를 평가받아 한 번은 상하를, 한 번은 상중을 받아 승진하였다.
ㄴ. 종5품인 B는 소속 장관인 이조 판서에게만 고과를 받고 한 해에 두 번 하하를 받아 벌을 받았다.
ㄷ. 종4품인 C는 소속 장관인 병조 판서와 사간원 관리, 사헌부 관리에게 각각 상상, 중상, 하상을 받아 승진하지 못하였다.

① ㄱ ② ㄴ ③ ㄱ, ㄷ
④ ㄴ, ㄷ ⑤ ㄱ, ㄴ, ㄷ

[19~21] 다음 글을 읽고 물음에 답하시오.

시장실패란 경제학에서 시장의 기능이 이상적으로 작동하지 못하여 자원이 효율적으로 배분되지 못하는 상황을 말한다. 그 원인은 다양하지만 대표적으로 불완전경쟁이나 외부효과 등이 있다. 전통적인 시장실패이론은 정부의 개입을 통해 시장실패를 극복할 것을 요구해왔다. 그러나 정부의 개입은 비효율성을 늘 개선하지는 못하였을 뿐만 아니라 그러한 과정에서 경제적 불평등은 주된 논의사항이 되기 어려웠다. 한편, 정부재정 활동의 주요 축의 하나는 바로 소득재분배를 도모하는 복지부문 지출이다. 즉, 경제적 불평등을 개선하는 과업은 재정의 구조와 규모 설정에 있어 핵심이다. 따라서 전통적인 시장실패이론에 따라서는 효율성도 보장하지 못하면서 재정의 핵심적인 목적에도 소홀하다는 비판이 제기되었다. 이러한 상황에서, 형평성 증대를 위한 재정의 노력이 사회의 총체적인 효율성의 관점에서도 유용하다는 견해가 주목받게 되었다.

총체적 효율성을 평가하기 이전에 받아들여야 하는 가정들이 있다. 첫째는 사회의 구성원들이 소득을 가짐으로써 만족한다는 것이다. 다시 말해, 소득의 증가가 구성원들의 사회적 가치를 늘 증가시킨다는 사실이다. 구성원들이 느끼는 사회적 가치의 총합을 사회적 총가치로 본다면, 이는 사회적 총가치의 증대이기도 하다. 둘째는 일정한 소득의 증가에 따른 사회적 총가치의 증가는 소득의 수준이 높을수록 적다는 가정이다. 상대적으로 저소득을 벌어들이는 경제적 약자일수록 같은 소득이 증가했을 때 느끼게 되는 가치 증가의 양이 더 크다. 이러한 가정들을 받아들인다면, 높은 소득을 올리는 경제적 강자로부터 한 단위의 소득을 경제적 약자에게 이전시키는 것은 사회적 총가치를 증가시킨다. 경제적 강자에게서 비롯된 사회적 가치의 감소분보다 경제적 약자가 얻는 사회적 가치의 증가분이 더 크기 때문이다. 이러한 방식의 사회적 총가치 증가를 소득이전지출을 통한 사회적 가치 증가라고 부른다.

부자로부터 거둔 세금을 가난한 사람에게 소득이전지출을 통해 지급함으로써 사회적 총가치의 증진에 기여한다고 하면, 이러한 이전지출은 사회적 효율의 관점에서도 정당성이 인정될 수 있다. 이러한 소득이전장치는 강자의 사회적 가치 감소분보다 약자의 사회적 가치 증가분이 크다고 간주되는 한 사회적 효율의 관점에서 유효하다. 즉, 형평성의 기준에서 출발한 소득이전장치가 효율의 증진에 기여한다는 것이다.

㉠ <u>소득이전을 통한 소득재분배 장치가 사회적 효율의 향상에 기여한다는 입장</u>은 권력 작용에 기초한 인위적 소득재분배 시스템이 시장의 효율을 제약함으로써 성장잠재력을 훼손하고 국민경제의 성장을 제약해 정당하지 않다는 ㉡ <u>일부 시장주의론자들의 주장</u>을 반박하는 근거로 자주 원용된다. 그럼에도 이전지출을 포함한 소득재분배 장치가 어느 수준까지 사회의 총체적 가치증진에 기여하는 것은 분명하지만, 어느 한도를 넘어서면 시장주의론자들의 주장처럼 사회의 생산을 제약하는 요소로 작용할 수 있다는 점을 간과할 수는 없다. 그렇다면 국민경제의 생산 증대를 제약하지 않으면서 사회적 총가치 증진을 진작하는 '적정 소득재분배'가 어느 수준이어야 하는가가 핵심과제라고 할 수 있다. 다만, 그러한 수준을 어떻게 찾을 것인가에 대한 사회적, 정치적 합의가 매우 어렵다는 점이 문제이다. 결국 이러한 과업 역시 이론적 논쟁으로는 결실을 맺을 수 없고 국민과 대의기구의 정치적 선택의 몫으로 남겨두는 것이 방법이라고 할 수 있다.

유념해야 할 점은, 이러한 메커니즘의 제도화를 위해서는 자신의 소득이 타인의 소득으로 이전되는 것에 대해 경제적 강자의 동의가 전제되어야 한다는 점이다. 따라서 경제적 강자들의 소득이전 프로그램에 대한 폭넓은 공감대가 긴요하다. 요컨대, 경제적 강자의 재원 일부가 경제적 약자로 이전하는 소득이전 메커니즘을 제도화하는 것은 바로 정부의 재정결정, 더 나아가서 정치적 선택이라는 점과 그러한 정치적 선택은 성장과 가치 간의 관계를 인식하는 한에서 이루어지며 그러한 메커니즘을 통해 피해를 보는 구성원들의 공감대 형성이 함께 고려되어야 한다는 것이다.

19. 윗글의 내용과 일치하는 것은?

① 소득이전지출에 국민 대부분이 동의한다면 정책을 시행할 수 있다.

② 전통적 시장실패이론에서는 재정의 구조에 관심을 두지 않았을 것이다.

③ 고소득자의 소득을 거두어 저소득자에게 전달하는 것은 형평성을 증진시킬 수 있다.

④ 소득의 양에 따라 소득이 늘었을 때 사회적 가치가 증가하지 않는 경우가 있을 것이다.

⑤ 제도의 선택은 경제학적 논리에 따라 효율성이 가장 증대되는 지점에서 이루어져야 한다.

20. ㉠과 ㉡에 대한 이해로 옳지 <u>않은</u> 것은?

① ㉠에 의하면 개인의 소득감소가 전체의 가치증대를 가져올 수 있다.

② ㉠은 소득이전에 의한 소득재분배가 생산을 제약하지 않는다고 주장한다.

③ ㉠이 정당화되려면 같은 소득의 증가에 대해 느끼는 사회적 가치의 증가량이 개인의 소득에 의존해야 한다.

④ ㉡은 소득이전이 생산을 감소시키는 기제로 작용할 수 있음에 동의한다.

⑤ ㉠과 ㉡은 모두 효율성의 측면에서 주장을 전개한다.

21. <보기>를 통해 추론한 것으로 옳지 <u>않은</u> 것은?

<보 기>

아래 그래프는 정부의 복지 프로그램 중에서 사회적 약자에게 지급하는 이전지출을 설명하기 위한 것이다.

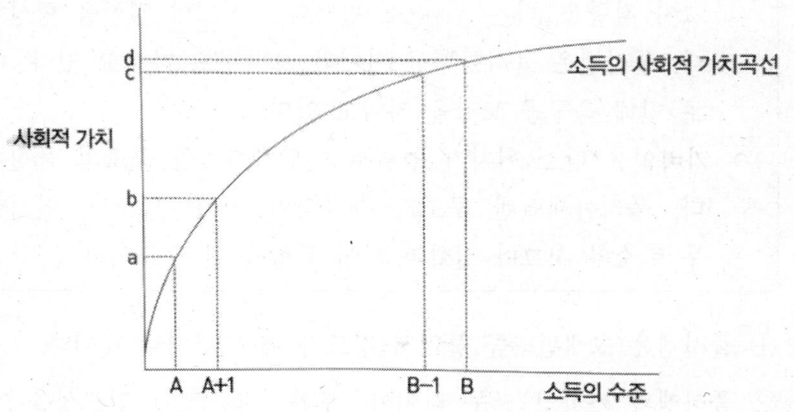

그래프에는 소득이전지출이 창출하는 사회적 가치 증대 효과가 나타나 있다. A와 B는 모두 사회 구성원으로 A는 경제적 약자 甲, B는 경제적 강자 乙의 소득에 해당한다. 해당 사회의 구성원들이 소득 A, A+1, B-1, B에서 느끼는 사회적 가치는 각각 a, b, c, d에 해당한다. 그림을 따라 구성원들이 느끼는 사회적 가치를 모두 찾아 더하면 사회적 총가치를 구할 수 있다. 현재 C국에는 甲과 乙만 존재한다.

① 위 그래프만으로는 '적정 소득재분배' 지점을 찾을 수 없다.

② 모든 구성원의 소득의 합이 클수록 사회적 총가치도 클 것이다.

③ 甲과 乙의 소득이 같아질 때까지 소득이전을 실행할 때 C국의 사회적 총가치가 가장 커질 것이다.

④ 모든 구성원의 소득이 A에 있는 개발도상국이라면 소득이전을 통한 사회적 가치 증대는 불가능할 것이다.

⑤ C국에서 乙에서 甲에게로 한 단위의 소득이전이 사회적 효율을 증진시키는 것은 세로축 상 a와 b 사이의 길이가 c와 d 사이의 길이보다 길기 때문이다.

[22~24] 다음 글을 읽고 물음에 답하시오.

동소체란 한 종류의 같은 원자로만 이루어졌으나 원자 배열이 다른 물질을 말한다. 물질의 성질은 물질을 구성하는 원자의 종류뿐만 아니라 배열에 의해서도 결정된다. 따라서 같은 동소체에 속한 물질이라도 원자의 배열에 따라 성질도 다르다. 대표적인 예로 탄소 동소체인 다이아몬드, 그래핀, 흑연 등이 있다. 다이아몬드는 물리적 강도가 크지만 전기 전도성이 없으며, 그래핀은 물리적 강도와 전기 전도성이 모두 크며, 흑연은 물리적 강도와 전기 전도성이 크지 않다. 그렇다면 탄소 동소체는 왜 각각 다른 성질을 지니는 것일까?

이를 이해하기 위해서는 우선 [공유 결합]에 대해 알 필요가 있다. 공유 결합이란 두 원자가 각각 전자 1개씩을 공유하여 전자쌍을 이룰 때 형성되는 결합을 말한다. 공유 결합은 두 원자 사이에 여러 개가 형성되기도 하는데, 공유 결합의 개수가 많을수록 결합의 세기는 강해지며 두 원자 간의 거리는 짧아진다. 그런데 양자역학에 따르면 전자의 위치를 정확하게 특정할 수 없고, 단지 위치에 따라 전자를 발견할 확률만 알 수 있다. 따라서 양자 역학에서는 전자가 원자 주변에 위치할 확률을 도식화함으로써 공유 결합을 설명하는데, 이 도식화를 오비탈이라고 한다. 오비탈은 전자가 보유한 에너지에 따라 그 모양이 다른데, 대표적으로 공 모양과 아령 모양이 있다.

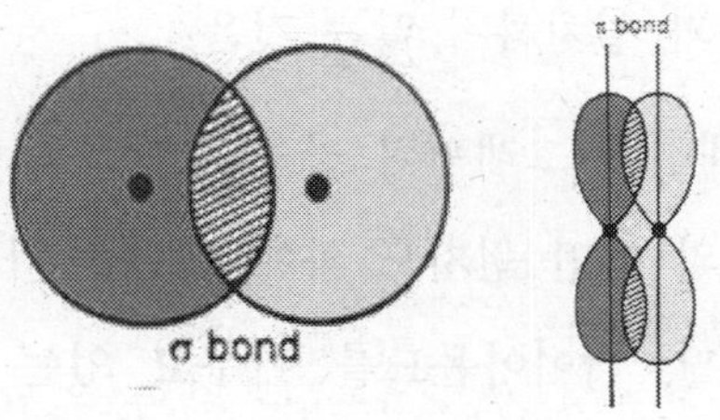

이때 공유 결합은 오비탈과 오비탈의 겹침이며, 오비탈이 겹치는 형태에는 시그마 결합과 파이 결합 두 가지가 있다. 시그마 결합은 공 모양의 오비탈이 겹쳐 형성된 결합이고, 파이 결합은 아령 모양의 오비탈이 겹쳐 형성된 결합이다. 시그마 결합은 공 모양의 오비탈이 겹치는 영역이 한 곳에 집중되어 있기 때문에 전자 밀도가 높아 결합의 세기가 강한 반면, 파이 결합은 겹치는 영역이 두 군데로 분산되어 있기 때문에 전자 밀도가 낮아 공유 결합의 세기가 약하다. 따라서 파이 결합은 결합이 끊어지면서 전자가 원자로부터 쉽게 이탈하는 현상이 쉽게 일어난다. 이로 인해 파이 결합을 지닌 물질은 시그마 결합만 지닌 물질과 달리 전기 전도성을 지닌다.

탄소 원자는 공유 결합에 참여할 수 있는 전자가 4개이며, 탄소 동소체에서는 탄소의 전자가 이웃한 탄소의 전자와 전자쌍을 만들어 공유 결합을 형성한다. 다이아몬드에서 탄소 원자는 이웃한 4개의 탄소 원자와 각각 시그마 결합하여 정사면체를 이루고 있으며, 다이아몬드는 이 정사면체를 단위체로 한 입체 구조이다. 다이아몬드는 파이 결합이 없어 전기 전도성이 거의 없지만, 결합의 세기가 크므로 단단하고 내구성이 좋다.

그래핀에서 탄소 원자는 한 탄소 원자와는 시그마 결합과 파이 결합을, 다른 두 탄소 원자와는 시그마 결합을 형성한다. 이로 인해 이웃한 3개의 탄소 원자들과 결합하여 벌집 모양의 정육각형 평면 구조를 이루고 있다. 그래핀은 이러한 구조로 인해 여러 홍

미로운 특성을 가지고 있다. 첫째는 탄소 원자로 이루어진 평면 구조이므로 두께가 원자 하나 크기인 0.2nm로 매우 얇다는 것이다. 이로 인해 투명하며 가벼운 디스플레이 소재가 가능하다. 둘째는 평면 구조로 인해 표면적이 매우 크기 때문에, 에너지 저장 장치로 유용하게 사용될 수 있다. 셋째로 그래핀 역시 탄소 원자 간의 공유 결합 때문에 물리적 강도가 매우 뛰어나다. 따라서 항공 우주, 자동차 같은 분야에서 활용될 수 있다.

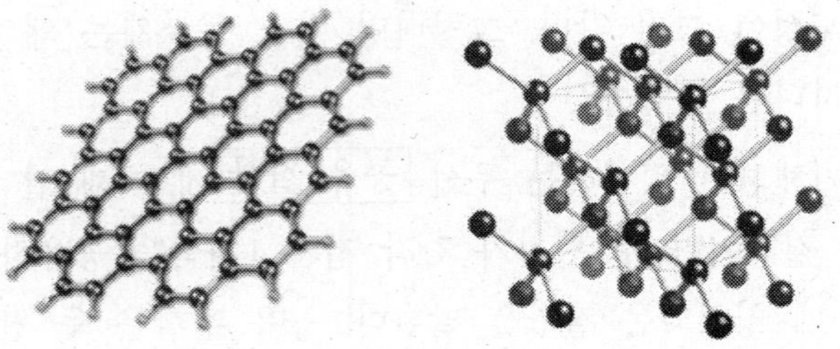

그래핀　　　　다이아몬드

그래핀이 층층이 쌓인 구조가 바로 흑연이다. 흑연에서 그래핀의 쌓임은 정전기에 의한 것으로서 공유 결합보다 세기가 약하다. 이로 인해 흑연 층들은 잘 분리되며, 물리적 강도는 그래핀보다 약하다. 그리고 이웃한 그래핀 층은 다른 그래핀 층의 전자 이동을 방해하기 때문에 흑연은 그래핀보다 전기 전도성이 약하다.

22. 윗글의 내용과 일치하지 않는 것은?

① 흑연은 그래핀과 그래핀의 공유 결합으로 형성되어 있다.
② 다이아몬드의 어떤 원자도 파이 결합을 가지고 있지 않다.
③ 흑연, 그래핀, 다이아몬드를 이루고 있는 원자는 모두 탄소로 같다.
④ 시그마 결합과 파이 결합에서 결합을 위해 필요한 전자 수는 동일하다.
⑤ 그래핀이 층층이 쌓인 구조의 물질이라면, 원래의 그래핀보다 항공 우주, 자동차 같은 분야에서 덜 활용될 것이다.

23. [공유 결합]에 대한 추론으로 가장 적절한 것은?

① 잘 끊어지지 않는 공유 결합이 많은 물질일수록 전기 전도성이 크다.
② 오비탈이 겹치는 영역이 여러 군데로 분산될수록 공유 결합의 세기가 강해진다.
③ 오비탈의 겹침으로 공유 결합을 설명하면 전자의 위치를 정확하게 파악할 수 있다.
④ 흑연과 그래핀의 성질이 다른 것은 두 물질이 다른 공유 결합을 가지고 있기 때문이다.
⑤ 다이아몬드의 탄소 원자가 형성하는 공유 결합 수는 그래핀의 탄소 원자가 형성하는 공유 결합 수와 같다.

24. 윗글을 바탕으로 <보기>에 대해 추론한 내용으로 적절하지 않은 것은?

<보 기>

○ 풀러렌은 60개의 탄소 원자로 이루어져 있는 입체 구조로서 탄소 원자는 인접한 한 탄소 원자와는 파이 결합과 시그마 결합을, 다른 두 탄소 원자와는 시그마 결합을 형성한다. 풀러렌은 육각형뿐만 아니라 오각형도 가지고 있다. 이로 인해 축구공 모양을 지니고 있다.
○ 카바인은 탄소 원자가 일렬로 연결된 1차원 구조의 물질이다. 폴리아세틸렌 구조가 대표적인 카바인으로서, 인접한 두 탄소와 시그마 결합과 파이 결합을 한 구조이다.

① 풀러렌은 그래핀만큼 물리적 강도가 매우 뛰어날 것이다.
② 풀러렌과 카바인 모두 다이아몬드와 달리 전기 전도성을 가지고 있을 것이다.
③ 카바인에서의 탄소 원자 간 결합은 다이아몬드에서의 탄소 원자 간 결합보다 약할 것이다.
④ 카바인을 일렬로 조밀하게 배열한 평면 물질의 경우 두께는 0.2nm 정도로 얇을 것이다.
⑤ 풀러렌의 탄소 원자는 다이아몬드의 탄소 원자와 마찬가지로 이웃한 탄소 원자들과 시그마 결합을 하고 있을 것이다.

[25~27] 다음 글을 읽고 물음에 답하시오.

독일 관념론을 집대성한 헤겔을 자연주의자라고 할 수 있을까? 일견 어울리지 않는 조합이지만, 최근 철학계에서는 헤겔을 자연주의자로 독해하는 시도가 늘어나고 있다. 이러한 시도는 기존의 자연주의 모델에 맞서 새로운 자연주의 모델을 주창하려는 일련의 흐름과 맞물린다. 이를 주도한 철학자는 맥도웰인데, 그는 '과학적 자연주의'에 맞서 '개방적 자연주의'를 제안하면서, 헤겔을 개방적 자연주의자로 읽는 독해의 시초가 되었다.

과학적 자연주의는 철학적으로 유의미한 탐구 대상은 자연과학적 방법으로 관찰되고 입증될 수 있는 것에 국한되어야 한다는 방법론적 입장을 지지하며, 나아가 자연이 유일한 실재이며 또한 모든 실재는 자연이기 때문에 초자연적 실재는 없다는 존재론적 입장을 견지한다. 이러한 자연 이해에 따르면 자연은 사건이 상호 인과 관계를 이루는 폐쇄된 시공간계이다. 반면 개방적 자연주의는 인간이 교육을 통해 제1자연에서 제2자연으로 변모하고, 그리하여 '이성의 공간'으로 진입한다고 본다. 즉 인간의 인식과 행위를 규정하는 개념적 구조들의 영역을 선험적으로 주어지는 것이 아니라 경험과 교육을 통해 형성되는 제2자연으로 개념화하면서 자연 개념을 확장하는 것이다. 이렇게 확장한 결과, 개방적 자연주의는 과학적 자연주의와 달리 인간의 규범적 영역을 포괄할 수 있는 자연주의 모델이 된다.

이러한 맥도웰의 독법을 계승한 ㉠ <u>테스타</u>는 헤겔의 「인간학」에서 헤겔이 영혼과 신체의 관계를 비이원론적으로 다룬다는 점에 주목하여 헤겔을 자연주의자로 해석한다. 이에 따르면 헤겔에게 영혼과 신체는 상이한 종류의 사물이나 실체가 아니라 동일한 주체를 가리킨다. 즉 자연은 모든 실재를 포괄하는 유일한 실재이고, 정신은 그것의 한 측면일 뿐이라는 것이 헤겔의 입장이다. 따라서 헤겔은 세계에 대한 물리적 기술만을 받아들이는 자연주의자가 아니라는 것이다.

그러나 인간의 규범적 영역을 포섭하려는 맥도웰의 자연주의에 대해서는 많은 비판이 제기되었다. 특히 문제가 된 것은 개방적 자연주의가 엄밀한 의미에서 자연주의라고 할 수 있는가, 그리고 개방적 자연주의에 따른 헤겔 해석이 헤겔 본인의 입장과 조화를 이룰 수 있는가 였다. 첫째 쟁점과 관련하여 ㉡ <u>스톤</u>은 자연주의를 철학과 경험적 자연과학의 양립 가능성을 신뢰하고 초자연적 실재를 불신하는 입장으로 정의하며, 헤겔을 넓은 의미의 자연주의자로 볼 수 있다고 주장한다. 이 정의에서 알 수 있듯이 스톤은 자연주의의 의미를 과학적 자연주의로 새기더라도 헤겔이 자연주의자라고 해석한다.

한편 둘째 쟁점과 관련하여 헤겔이 정신을 자연보다 우위에 있는 실재로 본다는 ㉢ <u>비판자</u>들의 견해에 주목할 필요가 있다. 헤겔은 자연이 외재성을 근본 규정으로 갖는다고 보는데, 이는 자연 존재자들은 공간 안에서 서로 떨어진 채 독립적으로 존재하는 물질적 존재자들이고, 이들이 전체로서 하나의 유기적 통일성을 갖지 않는다는 것을 의미한다. 반면 헤겔이 말하는 정신은 근본적으로 자기 반성적 내면성을 특징으로 한다. 정신의 특징은 무수한 차이를 종합하는 동일성, 자기 자신을 반성하고 복귀하여 자기 동일성을 구성하는 변증법적 통일성에 있다. 요컨대 정신을 자연보다 우위에 있으며 자연으로 환원되지 않는 실재로 본다는 점에서 헤겔 철학은 개방적 자연주의와 과학적 자연주의 어느 쪽으로도 해석되기 어려운 점이 있다.

결국 자연주의적 헤겔 독해는 헤겔이 생각하는 정신과 자연의 변증법적 관계를 간과하는 것으로 보인다. 헤겔은 정신의 근본적인 특징인 규정성이 곧 부정성과 주체성이며, 그런 의미에서 정신은 본질적으로 생명이라는 점을 강조한다. 말하자면 정신은 늘 운동하고 있으며, 심지어 언제나 자신과의 부정적 관계 속에서 자신으로 생성되는 운동을 하고 있다. 이러한 헤겔 철학의 시각에서 볼 때, 인간의 규범적 영역을 이성의 영역으로 보고 물리적 대상인 제1자연과 대립하는 것으로 보는 개방적 자연주의는 잘못된 길을 간 것이다. 정신과 자연, 이성과 비이성은 상호 대립하거나 상호 환원하는 관계가 아니라 상호 불가분의 관계로 얽혀 있는 것이기 때문이다.

25. 윗글에 대한 이해로 가장 적절한 것은?

① 개방적 자연주의가 엄정한 의미의 자연주의가 아니라면, 맥도웰에서 기원하는 자연주의적 헤겔 독해는 설득력을 잃는다.

② 정신과 자연의 변증법적 관계는 정신이 자연보다 우위에 있지도, 자연이 정신보다 우위에 있지도 않음을 보여준다.

③ 헤겔의 정신 개념은 죽어 있는 존재가 아니라 늘 자신과 긍정적으로 반성하면서 운동하는 실재를 가리킨다.

④ 자연주의적 헤겔 독해는 독일 관념론과 자연주의의 부조화로 인해 실패한 기획이다.

⑤ 인간의 규범적 영역은 이성의 영역에 속하면서 동시에 제1자연에 속하는 영역이다.

26. ㉠~㉢의 판단을 이해한 것으로 적절한 것만을 <보기>에서 있는 대로 고른 것은?

<보 기>

ㄱ. ㉠에 따르면, 신체뿐만 아니라 영혼도 자연의 일부이고, 정신은 자연보다 우위에 있지 않다는 것이 헤겔의 생각이다.

ㄴ. ㉡에 따르면, 초자연적 실재의 존재를 신뢰하지 않으면서 정신을 초자연적 실재로 보지 않는 것이 헤겔의 생각이다.

ㄷ. ㉢에 따르면, 자연은 통일된 전체가 아니지만 정신은 변증법적 통일성을 띠는 실재라는 것이 헤겔의 생각이다.

① ㄱ ② ㄷ ③ ㄱ, ㄴ
④ ㄴ, ㄷ ⑤ ㄱ, ㄴ, ㄷ

27. '과학적 자연주의'와 '개방적 자연주의'에 대한 이해로 적절하지 <u>않은</u> 것은?

① 과학적 자연주의는 '자연 내의 사건을 일으키는 원인은 자연 밖에서 찾을 수 없다.'에 동의할 것이다.

② 개방적 자연주의는 '경험과 교육이 주어지지 않는다면 인간은 제1자연에 머문다.'에 동의할 것이다.

③ '인간의 인식을 가능하게 하는 조건은 선험적으로 형성된다.'에 개방적 자연주의는 동의하지 않을 것이다.

④ '어떤 것이 실재라면 그것은 반드시 자연적 실재이다.'에 과학적 자연주의는 동의하고 개방적 자연주의는 동의하지 않을 것이다.

⑤ '자연과학적 방법을 적용할 수 있는 대상만이 철학적으로 탐구되어야 한다.'에 과학적 자연주의는 동의하고 개방적 자연주의는 동의하지 않을 것이다.

[28~30] 다음 글을 읽고 물음에 답하시오.

제2차 세계대전 이후 전범 재판 과정에서 독일의 입법과 사법에 대한 평가가 논쟁의 도마 위에 올랐다. 주목할 점은, 이러한 논쟁에서 초점의 대상이 되었던 것이 법률 그 자체나 법률 적용의 결과보다도, 법률을 적용한 '법관의 대응 방식'이었다는 것이다. 라드부르흐가 「법률적 불법과 초법률적 법」에서 제기한 당시 법관의 문제는 법을 실증적으로 이해하고자 하는 당시 교육 과정 하에서 '법률적 불법 테제'에 대응할 능력을 결여하고 있었다는 점이다. 이는 당시 법관이 악법에 대해 '극도로 부정의한 법은 법이 아니다'라는 직관적 대응을 하지 못했다는 사실에 대한 비판이다.

영국의 법철학자인 ㉠ <u>하트</u>는 이러한 비판에 맞서 실증적인 법이해에 쏟아지던 당시의 평가에 대응하고자 했다. 하트는 악법을 법의 영역에서 분리하고자 하는 시도는 신학적 사상이나 공리와 같은 도덕성을 전제하지 않고서는 성공할 수 없다고 지적하며 법과 도덕을 구분할 필요가 있음을 주장했다. 즉, 법체계의 규칙들이 필연적으로 도덕의 규칙, 혹은 정의의 규칙과 연결됨으로써 비로소 법적인 권리를 산출해 낼 수 있다는 것은 잘못되었다는 것이다. 그렇다면 하트에게 있어 법체계는 어떠한 방식으로 존재하고 수용되는 것인가? 그는 법 개념의 본질을 '행위자의 승인'에서 찾았다. 법이 성립하고 우리가 이에 복종하는 것은 우리 스스로가 그러한 법의 준수를 의무로서 수락하기 때문이라는 것이다.

그런데 해석 과정에서의 법관의 자율적 판단을 중시한 하트의 관점은 법체계가 모종의 내재적 자연법을 전제한다고 해석될 여지가 있다. 하트에 따르면 사회 속에 존재하는 가치와 법의 적용으로 야기되는 결과가 판사들의 법 적용 문제에 있어 고려되어야 한다. 이는 언어로 구성된 법이 가지고 있는 개방적 성질을 고려한다면 더욱 명확한데, 법적 용어가 가지고 있는 의미에 대한 해석이 불명확한 사례들이 존재하기 때문이다.

[A] 예를 들어, '공원에서 탈것 금지'라는 법률에서 '탈것'에 자동차가 포함된다는 것은 자명하지만, 바퀴 달린 신발 역시 포함되는지는 명확하지 않다. 즉, 이러한 상황에서는 사회적 가치와 결과를 고려한 판사의 '선택'이 개입될 수 있다.

하지만 법을 실증주의적으로 이해하는 입장을 옹호하고자 하는 하트의 관점을 생각해 봤을 때, 법에 내재한 자연법적인 특성은 일견 그의 논의와 상충하는 것으로 보인다. 법과 도덕의 구분을 명확히 하고자 한 것이 하트의 법철학적 기획의 핵심이기 때문이다. 이러한 모순적인 상황을 이해하기 위해서는 법속에 내재된 법의 잠재적 가치를 도덕적인 것, 혹은 '있어야 하는 것'과 예리하게 구분한 하트의 입장을 살펴야 한다. 하트에게 있어 법률이 내재하고 있는 가치는 반드시 도덕적인 것일 필요는 없다. 이는 판사가 모호한 상황을 마주하여 선택을 내릴 때 고려하는 사회적 가치와 결과는 외적인 도덕과 구분된다는 것을 의미한다. 예를 들어, 범죄자에 대한 형량의 결정에 있어 어떠한 경우에는 도덕성이 배제된 사회적 효용성만이 고려될 수도 있다.

행위자의 승인으로부터 법체계의 성립을 실증적으로 설명하고자 했던 하트의 논의에 대해, ㉡ <u>풀러</u>는 법과 도덕을 분리하는 시도가 '법 자체의 충실성'을 해치게 된다고 지적한다. 풀러는 법률이 사회적으로 실효성을 가지기 위한 조건에 주목한다. 법은 사회 구성원의 '협력적인 활동'을 가능하게 해야 하며, 이를 가능하게 하기 위해서는 법 자체가 내적인 정합성을 갖추고 있어야 한다. 이때 내적인 정합성을 하트가 비판했던 신학적 교리 혹은 공리와 혼동해서는 곤란하다. 내적인 정합성, 혹은 법 자체의 충실성을 가능하게 해주는 가치는 외적으로 주어지는 것이 아니라 법안에 내재된 것이기 때문이다. 풀러는 하트의 논의가 법과 도덕을 무리하게 구분함으로 인해 양자의 관계를 지나치게 단순하고 부적절하게 정식화했다고 지적한다. 즉, 하트가 법과 도덕성을 혼합하는 법의 '내적인 도덕성'을 간과하여 결국 법률 언어에 대한 독립적 분석과 범주화 작업에만 치중하게 되었다는 것이다.

그러나 이러한 풀러의 지적은 하트에게 있어 억울한 측면이 있다. 왜냐하면 하트의 법 이해는 풀러가 지적한 것과는 달리 단순한 법률 언어에 대한 분석의 결과가 아니기 때문이다. 예컨대 하트가 법률 언어의 해석에 있어 '중심적 의미'와 '주변적 의미'를 구분할 때, 그러한 구분은 자의적인 해석에 의한 것이 아니라 언어적 규칙이 적용되는 맥락을 고려한 결과이다. 하트는 오히려 풀러의 논의 역시 법의 도덕으로부터의 분리라는 테제에서 벗어나지 못하고 있음을 지적한다. 풀러가 제시한 내적인 정합성 역시 '기능하는 법'의 실효적 작동을 위한 것일 뿐, 그 자체로 도덕과 필연적인 연관을 맺고 있다고 볼 수는 없기 때문이다.

28. ㉠과 ㉡에 대한 이해로 적절한 것은?

① ㉠은 범죄자를 처벌하는 판사의 판결은 가치 판단과 무관해야 한다고 본다.

② ㉠은 라드부르흐의 비판으로부터 전범 재판을 담당한 판사의 결정을 옹호한다.

③ ㉠은 '행위자의 승인'을 통해 법의 본질을 파악하며 법 적용에서 사법부의 재량을 배제해야 한다고 본다.

④ ㉡은 법률은 법의 충실성을 달성하기 위한 공리적 가치를 확보해야 한다고 본다.

⑤ ㉡은 법률적 사안에 대해 판단을 내리는 판사는 법률의 기능적 측면을 고려해야 한다고 본다.

29. [A]에 대한 추론으로 적절하지 않은 것은?

① 하트는 '탈 것'의 범주에 장난감 자동차가 포함되는지 여부는 판사의 재량에 달려있다고 보겠군.

② 풀러는 '탈 것'에 대한 법해석은 '법 자체의 충실성'을 지키는 방식으로 이루어져야 한다고 보았겠군.

③ 풀러와 하트 모두 '공원에서 탈 것 금지'의 규칙을 해석하는데 있어 법률 문언에 국한된 해석을 지양하겠군.

④ 하트는 공원에서 탈 것을 금지하는 사법적 권한이 정당한 것은 행위자가 해당 규칙을 의무로서 수락했기 때문이라고 보겠군.

⑤ 라드부르흐는 '공원에서 탈 것 금지'의 규칙의 적용에 있어서는 '법률적 불법 테제'가 적용될 여지가 없으므로 도덕적 판단을 배제해야 한다고 보겠군.

30. <보기>의 주장을 바탕으로 '법관의 대응 방식'을 분석한 것으로 적절하지 않은 것은?

<보 기>

> 아리스토텔레스에 따르면 시인은 모방하기 때문에 시인이다. 그러나 '진정한 시'가 되기 위해서 모방은 몇 가지 조건을 충족해야 한다. 모방은 진지하고 일정한 크기를 갖는 완결된 행동을 대상으로 해야 하며, 관객으로부터 연민과 공포를 불러일으킴으로써 카타르시스를 실현해야 한다. 이러한 조건을 충족하지 못한 모방을 하는 시인은 '가짜 시인'이 된다. 아리스토텔레스의 시학은 현재의 법철학적 논의에 시사하는 바가 크다. 오늘날 법질서를 형성하는 법률가 역시 법정 안에서 하나의 '작품'을 만들어낸다. 법률가는 자신이 만들어 내는 작품이 일정한 사건의 짜임새를 갖추었는지, 그리고 무엇보다 민주적 정당성을 지닌 국민들의 지지를 받을 만큼 카타르시스를 주는 것인지에 대한 숙고의 시간을 가질 필요가 있다. 법률가는 스스로 '가짜 시인'이 되지 않기 위해 항상 경계해야 하는 것이다.

① 하트는 전범 재판에서의 법관과는 달리, '가짜 시인'이 되지 않기 위해 경계하는 법률가의 권한에서 법적 구속력의 근거를 찾을 수 있다고 본다.

② 풀러는 전범 재판에서의 법관의 결정이 '협력적인 활동'을 도출하지 못해 '작품'으로서 적절하게 기능하지 못한다고 본다.

③ 풀러의 관점을 고려하면 법률가의 올바른 역할은 '모방'의 결과인 '작품'에 내재된 가치를 실현하는 것이다.

④ <보기>에 따르면 전범 재판에서 법관은 민주 사회에 수용될 수 있는 '작품'을 만들었어야 한다.

⑤ 라드브루흐는 나치에 협조한 법관유형은 <보기>에 따른 '가짜 시인'이라고 볼 것이다.

* 확인 사항

○ 문제지와 답안지의 해당란에 필요한 내용을 정확하게 표기했는지 확인하십시오.

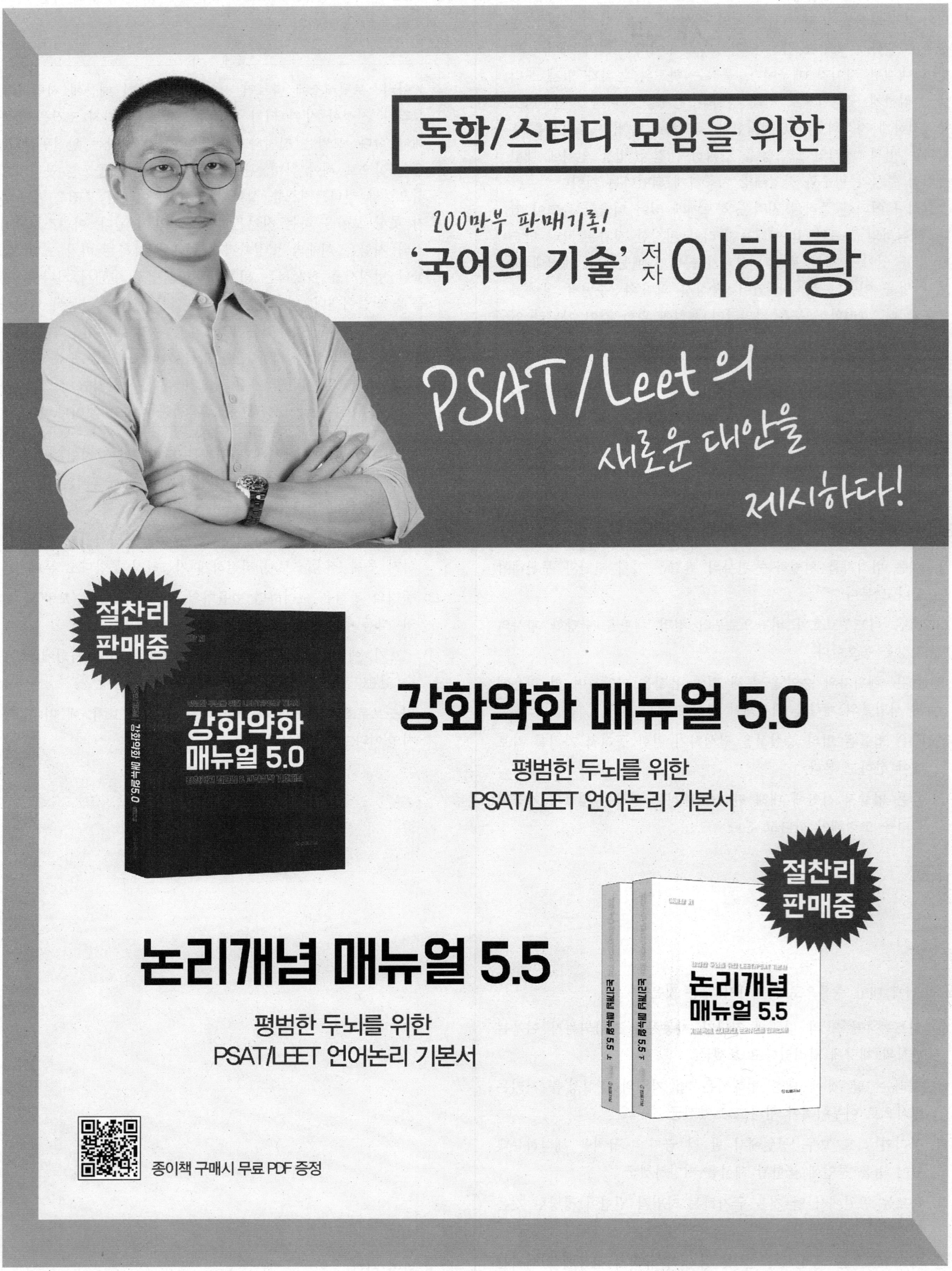
독학/스터디 모임을 위한
200만부 판매기록!
'국어의 기술' 저자 이해황
PSAT/Leet의
새로운 대안을
제시하다!
절찬리 판매중
강화약화 매뉴얼 5.0
강화약화 매뉴얼 5.0
평범한 두뇌를 위한
PSAT/LEET 언어논리 기본서
절찬리 판매중
논리개념 매뉴얼 5.5
논리개념 매뉴얼 5.5
평범한 두뇌를 위한
PSAT/LEET 언어논리 기본서
종이책 구매시 무료 PDF 증정

제2교시

2025학년도 법학적성시험 대비 LEETBoost 모의고사(제8회)

추 리 논 증

성 명		수험 번호							

《수험생 유의사항》

- 이 문제지는 40문항으로 구성되어 있습니다.
- **시험 시간은 10:45 ~ 12:50(125분)입니다.**
- 문제지에 성명과 수험 번호를 정확하게 기재하십시오.
- 답안지는 반드시 컴퓨터용 사인펜을 사용하여 답을 표기하여야 합니다.
- 교시란은 해당 교시를 정확하게 표기해야 합니다.

《정답공개 및 이의제기 안내》

1. 정답·해설지 배부 및 최종정답 공개
   - 30일 2교시 종료 후 1·2교시 정답 및 해설지 배부
   - 최종정답: 7월 3일(수) 네이버 법률저널 공식 LEET 카페에 공지
2. 이의제기 안내
   - 본 시험 종료 후 네이버 법률저널 공식 LEET 카페(cafe.naver.com/lecleet)에서 '이의제기 신청 게시판'에 양식에 맞춰 제출해 주세요.
   - 이의제기 기간: 7월 1일(월) 오후 5시까지
3. 성적확인 안내
   - 각 영역별 성적통계는 7월 4일(목) 오후 5시 네이버 법률저널 공식 LEET 카페에 공지
   - 개인 성적은 7월 4일(목) 오후 5시 이후 법률저널 홈페이지〉모의고사 신청 배너 클릭〉 성적확인 클릭
4. LEET 모의고사 일정
   - 제9회 : 2024.7.7. / 제10회 : 2024.7.14.
5. **매회 격려장학금 지급 / 제6회부터 장학생 선발**

법률저널

제 2 교시

추리논증

성명		수험 번호		제8회

○ 이 문제지는 **40문항**으로 구성되어 있습니다. 문항 수를 확인하십시오.
○ 문제지의 해당란에 성명과 수험 번호를 정확히 쓰십시오.
○ 답안지에 수험 번호, 문형, 성명, 답을 표기할 때에는 반드시 '수험생이 지켜야 할 일'에 따라 표기하십시오.
○ 답안지의 필적확인란에 해당 문구를 정자로 기재하십시오.

1. 다음으로부터 추론한 것으로 옳은 것만을 <보기>에서 있는 대로 고른 것은?

불법행위란 고의나 과실로 인해 타인에게 손해를 끼치는 것으로서 불법행위로 인해 손해를 본 사람은 그 행위를 한 사람에게 손해에 대한 배상을 요구할 수 있는 권리가 주어지는데 이를 불법행위로 인한 손해배상 청구권(이하 '손해배상 청구권')이라 한다. 손해배상 청구권을 행사하면 불법행위자는 그 손해를 배상해야 한다. 한편 태아에게 손해배상 청구권이 인정되는지에 대해 다음의 견해가 있다.(태아의 모는 태아의 손해배상 청구권을 태아 대신 청구할 수 있고, 태아가 사망하면 모가 권리를 상속받는다.)

A: 태아에게 사람과 동일한 수준의 권리를 인정할 수는 없지만, 일부 권리는 인정해야 한다. 특히 태아도 타인의 행위로 인해 손해를 볼 수 있으므로 손해배상 청구권은 태아에게도 필요하다. 다만 손해배상 청구권은 태아 상태에서 주어지는 것이 아니라 태아가 살아서 출생하는 경우 즉 사람으로 인정될 때에만 주어진다. 즉 태아가 살아서 출생하면 그 태아가 손해를 본 시점으로 소급하여 그 시점에 손해배상 청구권이 주어지는 것으로 간주되고, 그렇지 않으면 태아에게는 어떠한 권리도 발생하지 않는다.

B: 태아가 살아서 출생하여 사람이 될 가능성이 매우 높기 때문에 태아에게 손해배상 청구권을 인정해야 한다. 다만 살아서 출생하지 못하고 사산된 경우에는 그 손해배상 청구권이 발생한 시점으로 소급하여 사산 시점에 손해배상 청구권이 소멸된 것으로 보아야 한다. 이때 손해배상 청구권이 행사되었다면 어떠한 경우에도 그 청구권에 따른 의무는 소멸되지 않는다.

<보 기>

ㄱ. A에 따르면 태아 갑이 X의 과실로 신체적 손상을 입었고, 출생 후 그 손상으로 인해 사망한 경우 갑의 모는 X에게 해당 손상에 대한 손해배상을 청구할 수 있다.

ㄴ. B에 따르면 Y의 과실로 태아 을에게 손해가 발생한 경우 을의 모가 그 손해에 대한 손해배상을 청구했다면 을이 추후에 사산되더라도 Y는 해당 손해를 배상해야 한다.

ㄷ. A와 B 중 어느 것을 따르더라도 Z의 과실로 태아 병에게 손해가 발생한 경우 병이 살아서 출생했다면 병은 Z에게 해당 손해에 대한 손해배상 청구권을 행사할 수 있다.

① ㄱ ② ㄷ ③ ㄱ, ㄴ
④ ㄴ, ㄷ ⑤ ㄱ, ㄴ, ㄷ

2. <주장>에 대한 반대 논거가 될 수 있는 것만을 <보기>에서 있는 대로 고른 것은?

[A법]
제1조 현역 입영통지서를 받은 사람이 정당한 사유 없이 입영하지 않거나 소집에 응하지 않은 경우에는 3년 이하의 징역에 처한다.

<주장>
A법 제1조는 병역의 의무를 가진 사람이 정당한 사유 없이 그 의무를 이행하지 않을 경우 처벌하여 병역의무를 가진 사람이 그 의무를 성실히 이행하도록 함으로써 국가 수호라는 모든 국민의 이익을 보호하려는 데 그 목적이 있다. 반면 개인의 양심의 자유는 헌법에 의해 보호되는 권리이다. 이 권리를 이유로 일부 사람들은 병역의무를 이행하는 것이 자신의 종교적 양심에 반한다면 그 종교적 양심은 A법 제1조에서 말하는 정당한 사유에 해당한다고 본다. 물론 어떠한 원인으로 인해 양심이 형성되었고, 어떤 행위가 그 양심에 반한다면 일반적인 상황에서는 양심에 따르는 것이 바람직하다. 하지만 특수한 상황에서는 그렇지 않다. 양심의 자유는 내면의 자유인 양심형성의 자유와 자신의 양심을 외부로 실현하는 양심실현의 자유로 구분된다. 여기서 양심형성의 자유란 어떠한 외부의 간섭이나 압력 없이 자신의 판단에 따라 양심을 형성할 자유를 말하고, 양심실현의 자유란 형성된 양심을 실현할 자유이다. 자신의 양심을 형성하거나 표현하는 것은 타인에게 어떠한 영향도 주지 않으므로 양심형성이나 표현의 자유에 어떠한 제한도 없지만, 양심을 실현하는 것은 누군가의 권리를 침해할 수도 있어 제한된다. 그러므로 양심형성의 자유와는 달리 양심실현의 자유는 타인의 기본권이나 공공복리와 같은 헌법적 가치와 충돌하는 경우에 한해서 법률에 의하여 제한될 수 있는 상대적 자유에 불과하다. 그러므로 병역의무가 양심에 반하는 것은 A법 제1조에서 말하는 정당한 사유에 해당하지 않는다.

<보 기>

ㄱ. 병역의무에 반하는 양심을 실현할 자유는 어떠한 경우에도 법률에 의해서 제한될 수 없다.

ㄴ. 안전벨트를 매지 않는 것은 타인에게 어떠한 영향도 주지 않지만 법률로서 그 행위를 제한할 수 있다.

ㄷ. 병역의무를 이행해야 하는 사람이 자신의 양심에 따라 병역의무를 거부하더라도 병역의무를 이행하는 사람에게 상대적 박탈감만 줄 뿐 그 사람들에게 물질적 손해를 발생시키지 않는다.

① ㄱ ② ㄷ ③ ㄱ, ㄴ
④ ㄴ, ㄷ ⑤ ㄱ, ㄴ, ㄷ

3. 다음 논쟁에 대한 분석으로 옳은 것만을 <보기>에서 있는 대로 고른 것은?

X국에서는 조항 S에 따라 모든 국민에게는 예술의 자유가 보장되므로 예술 활동이나 그 결과물이 대중에게 공개되기 전에 검열로 이를 사전에 금지하는 것(이하 '사전 검열')은 허용되지 않는다. 예술 활동의 범위에 대해 다음의 논쟁이 있다. (단, 예술 활동이나 그 결과물 이외에는 사전 검열이 허용되는 것으로 간주한다.)

갑: 예술 활동은 미적 작품을 형성하는 과정이므로 어떤 존재가 미적 작품을 형성하겠다는 의지를 가지고 그러한 작품을 만들기 위해서 하는 창작 활동만이 예술 활동이 될 수 있고 이 같은 창작 활동을 통해 만들어진 결과물이 미적 작품이다. 다만 어떤 활동을 통해 형성된 결과물이 타인에게 피해를 줄 수 있다면 그 활동은 예술 활동이 아니다.

을: 예술 활동이란 인간의 정신적 활동의 결과물을 인간이 종이나 돌 등의 물질적 재료를 이용해 미적 창작물의 형태로 표현하고 이 표현을 대중에게 직관시키는 것을 말한다. 즉 사람이 미적 작품을 형성하려는 의도를 가지고 한 창작 활동에 의해 미적 작품이 만들어지고 그것이 대중에게 공개되는 일련의 과정이 예술 활동이므로 이 과정 중 어느 하나 이상이 결핍된 활동은 예술 활동이 아니다.

병: 예술의 목적은 창작 활동을 통해 작품을 형성하는 데 있고, 이 같은 목적을 가지지 않은 것은 예술이 아니다. 따라서 예술 활동이란 인간의 창작 활동을 통해 어떠한 작품을 형성하는 과정이고 그 작품이 예술 활동의 결과물이다. 한편 어떤 작품에 비예술적 요소가 포함되어 있는지를 식별하는 것은 매우 어렵기 때문에 예술의 목적을 포함하는 활동은 모두 예술 활동이다.

<보 기>

ㄱ. 인간의 기술로 만들어진 로봇이 만든 작품은 S에 따라 사전 검열하는 것이 허용되지 않는다는 것에 을은 동의하지 않을 것이다.

ㄴ. 미적 작품을 형성하는 창작 활동 중에 예술 활동이 아닌 것이 있다는 것에 갑은 동의하지만 을은 동의하지 않을 것이다.

ㄷ. 미적 작품이 아닌 것을 사전 검열하는 것이 S에 따라 허용되지 않을 수도 있다는 것에 갑과 병은 동의하지 않을 것이다.

① ㄱ ② ㄴ ③ ㄱ, ㄷ
④ ㄴ, ㄷ ⑤ ㄱ, ㄴ, ㄷ

4. 다음으로부터 추론한 것으로 옳은 것만을 <보기>에서 있는 대로 고른 것은?

물건(동산 또는 부동산)의 소유권을 가진 자가 그 소유권을 방해받거나 방해받을 염려가 있는 경우 물건의 소유자는 그 방해의 배제나 예방을 청구할 수 있는데, 그 종류는 다음과 같다.(단, 어떤 원인에 의해 물건을 사용하는 데 방해를 받거나 방해를 제거하지 않는 한 물건을 사용할 수 없는 경우 그 물건의 소유권이 방해받는다고 본다.)

○ 청구권 A 개요

자신이 소유한 물건을 권한이 없는 타인이 불법으로 가져감으로 인해 소유자가 물건의 점유권을 빼앗긴 경우에 한해서 그 물건의 소유자가 그 타인을 상대로 물건의 반환을 청구해서 빼앗긴 점유권을 다시 회복할 수 있는 권리이다.

○ 청구권 B 개요

소유자가 소유권을 방해하는 자에 대하여 그 방해의 제거를 청구할 수 있는 권리이다. 이 청구권을 행사하기 위해서는 물건의 소유권이 현재 방해받고 있어야 한다. 소유권을 방해하는 자에게 고의나 과실이 있을 것이 요구되지 않으므로 위의 요건을 갖춘 상태에서 소유권이 방해받는 원인이 타인 또는 타인이 소유한 물건에 있다면 그 타인을 상대로 청구권 B를 행사할 수 있다.

○ 청구권 C 개요

소유권의 방해가 현실적으로 발생하지 않았지만 장래 발생할 가능성이 있는 경우 그 발생을 방지하기 위해 필요한 조치를 청구할 수 있는 권리이다. 즉 해당 청구권은 타인에 의해 물건의 소유권이 방해받을 염려가 있는 경우 그 물건을 소유한 자가 타인에게 방해받을 염려를 제거해 달라는 청구를 할 수 있는 권리이다.

<보 기>

ㄱ. 갑 소유의 토지에 갑의 허락 없이 을이 불법으로 조형물을 세운 결과 갑이 해당 토지의 점유권을 빼앗긴 경우 갑은 을을 상대로 청구권 A를 행사할 수 있다.

ㄴ. 병 소유의 농지에 태풍으로 인해 정 소유의 나무가 뽑혀서 날아 들어와 병이 해당 농지에 농작물을 심을 수 없는 상태가 되었다면 병은 정을 상대로 청구권 B를 행사할 수 있다.

ㄷ. 무의 건물 철거 작업으로 인해 기 소유의 주택 중 일부가 건물 더미에 묻혀서 사용할 수 없게 될 염려가 있는 경우 기는 무를 상대로 청구권 C를 행사할 수 있다.

① ㄱ ② ㄷ ③ ㄱ, ㄴ
④ ㄴ, ㄷ ⑤ ㄱ, ㄴ, ㄷ

5. [규정]의 적용으로 옳은 것만을 <보기>에서 있는 대로 고른 것은?

P국에서는 일반연금에 가입하거나 가입했던 국민들에게 다음의 [규정]에 따라 일반연금을 지급한다.

[규정]

제1조 ① 수급권자(연금 급여를 지급받을 권리를 가진 자)의 기본연금액은 연금을 수급하기 시작한 연도의 전년도 평균소득월액에 4/3를 곱한 금액으로 한다. 다만 일반연금에 가입한 기간이 10년을 초과하면 그 초과하는 1년마다 "평균소득월액×4/3×1/10"에 해당하는 금액을 더한 금액을 기본연금액으로 한다.

② 배우자가 있는 수급권자는 배우자와 혼인을 시작한 날이 포함되는 해부터 혼인을 종료한 날이 포함되는 해까지 매년 50만 원의 부양가족연금을 받는다.

제2조 ① 일반연금에 가입한 기간이 5년 이상인 가입자나 가입자였던 자는 65세가 되는 날이 포함된 해부터 그가 생존하는 동안 매년 일반연금을 받는다.

② 전항에 따른 일반연금액은 다음 각 호의 구분에 따른 금액에 제1조 제2항에 따라 받는 부양가족연금을 더한 금액으로 한다.

1. 일반연금 가입기간이 10년 이상인 경우: 기본연금액
2. 일반연금 가입기간이 5년 이상 10년 미만인 경우: 기본연금액의 1/2에 해당하는 금액에 가입기간 5년을 초과하는 1년마다 기본연금액의 1/10에 해당하는 금액을 더한 금액

<사례>

갑은 2006. 1. 1.부터 2018. 12. 31.까지 13년간 일반연금에 가입했고, 갑은 을과 1997. 5. 1.부터 2021. 2. 1.까지 혼인 관계를 유지했다. 병은 혼인한 적이 없으며 2019년도에 65세가 되었다.

<보 기>

ㄱ. 갑이 2020년도에 65세가 되고, 2019년 평균소득월액이 300만 원이라면 갑은 2022년까지 총 1,660만 원의 일반연금을 받을 수 있다.

ㄴ. 병이 2019년도 이전까지 5년간 일반연금에 가입했고 2018년 평균소득월액이 600만 원이라면 병은 2022년까지 총 1,600만 원의 일반연금을 받을 수 있다.

ㄷ. 병이 2019년도 이전까지 7년간 일반연금에 가입했고 2018년 평균소득월액이 150만 원이라면 병은 2023년까지 총 700만 원의 일반연금을 받을 수 있다.

① ㄱ ② ㄷ ③ ㄱ, ㄴ
④ ㄴ, ㄷ ⑤ ㄱ, ㄴ, ㄷ

6. <견해>에 대한 평가로 옳은 것만을 <보기>에서 있는 대로 고른 것은?

형법의 감금죄에 따라 사람을 감금하는 경우 5년 이하의 징역에 처해진다. 이 같은 감금의 범위와 감금의 대상에 대해 다음의 <견해>가 있다.

<견해>

A: 감금이란 일정한 장소에 사람을 가두는 것을 말한다. 즉 어떤 사람이 처한 상황 하에서는 특정 장소를 벗어날 수 없는 상태에 있는 경우 그 사람은 해당 장소에 감금되었다고 간주된다. 그러므로 어떠한 손해를 감수하고서라도 다른 장소로의 이동이 가능한 경우 감금죄는 성립하지 않는다. 그리고 감금된 사람이 신체를 자유롭게 사용할 수 있는 상태에 있는 경우에만 감금죄로 처벌될 수 있다. 이때 수면중이거나 의식이 없는 상태는 신체를 자유롭게 사용할 수 없는 상태이고 그 이외에는 신체를 자유롭게 사용할 수 있는 상태이다.

B: 감금은 일정한 장소로부터 벗어나기 어렵게 하는 것을 말한다. 따라서 어떤 사람이 특정 장소에서 벗어나는 것이 불가능한 상태와 생명이나 신체에 대한 위험이나 손상을 감수하지 않고서는 그 장소를 벗어날 수 없는 상태인 경우에 한해서 그 사람에 대한 감금이 성립한다. 그리고 감금된 사람이 그 상태를 벗어날 의도가 있는 경우에만 감금죄로 처벌될 수 있다.

<사례>

○ 갑은 3층 높이의 옥상에서 잠을 자고 있는 을 몰래 해당 옥상에서 내려올 수 있는 ㉠ 사다리를 치웠다. 을이 있는 옥상에서 뛰어내리면 필연적으로 신체에 상해를 입게 된다.

○ 병은 하나만 존재하는 철문을 통하지 않고는 밖으로 나가는 것이 불가능한 지하 창고에서 작업을 하고 있었다. 이후 정은 해당 철문을 병이 열 수 없도록 잠갔다.

<보 기>

ㄱ. 정을 감금죄로 처벌해야 한다는 주장은 A를 강화한다.

ㄴ. ㉠이 을이 상해를 입지 않고 옥상에서 내려올 수 있는 유일한 수단인 경우 을은 감금 상태에 있다는 주장은 B를 강화한다.

ㄷ. 을이 잠에서 깨기 전에 갑이 ㉠을 원래대로 가져다 놓았더라도 갑은 감금죄로 처벌되어야 한다는 주장은 A와 B를 모두 약화한다.

① ㄱ ② ㄷ ③ ㄱ, ㄴ
④ ㄴ, ㄷ ⑤ ㄱ, ㄴ, ㄷ

7. [규정]을 <사례>에 적용한 것으로 옳은 것만을 <보기>에서 있는 대로 고른 것은?

고대 X국에서는 민회와 민회에 속한 상임회에서 국가정책을 결정하였다. 두 기관의 구성원 및 정책 결정 방법은 다음 [규정]에 따라 결정되었다.

[규정]

제1조 ① 민회는 총 150명의 위원으로 구성한다.

② 민회에 10인 이상의 소속위원을 보유한 정당은 하나의 협의체가 되고, 협의체에 속하지 않은 위원들은 따로 10인 이상이 모여 하나의 협의체를 구성할 수 있다.

제2조 ① 협의체에 속한 위원만이 상임회를 구성하는 위원(이하 '상임위원')이 될 수 있다.

② 각 협의체별로 소속된 위원 수를 5로 나눈 값에 해당하는 인원을 상임위원으로 선정한다. 단, 해당 값이 소수점 이하로 나오는 경우 소수점 첫 번째 자리에서 반올림한다.

제3조 ① 민회와 상임회에 상정된 안건은 재적위원 과반수의 출석과 출석위원 과반수의 찬성으로 의결된다.

② 민회에 상정되어 의결된 안건만이 상임회에 상정될 수 있고 상임회에서 의결된 안건만 정책으로 채택된다.

<사례>

X국 민회의 위원 중 41명은 P당, 37명은 Q당, 39명은 R당에 소속되어 있고, 나머지 33명의 위원은 어느 협의체나 정당에도 소속되지 않았다. X국 민회에 안건 S가 상정되었다.

<보 기>

ㄱ. 협의체는 최대 6개가 될 수 있다.

ㄴ. R당에 소속된 위원들과 상임위원들만 S에 찬성해도 S는 정책으로 채택될 수도 있다.

ㄷ. 만약 S가 상임회에 상정되었다면 Q당에 소속된 위원들만 S에 찬성해도 S는 정책으로 채택될 수도 있다.

① ㄱ ② ㄷ ③ ㄱ, ㄴ
④ ㄴ, ㄷ ⑤ ㄱ, ㄴ, ㄷ

8. [선정 규칙]과 <사실>로부터 추론한 것으로 옳은 것만을 <보기>에서 있는 대로 고른 것은?

K사는 자사의 휴대폰에 사용되는 부품 X를 선정하기 위해 ㉠ 상표가 다른 15개의 X에 가격, 내구성, 호환성에 대한 등급(높은 등급부터 순서대로 A, B, C)을 부여하였다. 그런 후에 다음의 [선정 규칙]에 따라 이들 중 일부를 선정하였다.

[선정 규칙]

1. 가격과 내구성 등급이 모두 A인 X를 지정한다.
2. 1에 따라 지정된 X가 5개 미만인 경우 가격 등급이 A, 내구성 등급이 B인 X를 추가로 지정한다.
3. 1이나 2에 따라 지정된 X가 6개 이상인 경우 지정된 X 중 호환성 등급이 C인 제품을 지정에서 제외한다.
4. 1에서 3에 따라 지정된 X를 최종 선정한다.

<사실>

㉠ 중에 가격 등급에서 A를 받은 X는 모두 8개였고, 내구성 등급에서 B를 받은 X와 C를 받은 X는 각각 6개였다. 그리고 호환성 등급에서 B를 받은 X는 6개였고 C를 받은 X는 5개였다.

<보 기>

ㄱ. 최종 선정되는 X 중 1에 따라 지정된 X는 최대 3개이다.

ㄴ. 두 개 이상의 항목에서 B를 받은 X가 없다면 최종 선정되는 X는 최대 7개이다.

ㄷ. 두 개 이상의 항목에서 C를 받은 X가 없다면 최종 선정되는 X는 최대 4개이다.

① ㄱ ② ㄷ ③ ㄱ, ㄴ
④ ㄴ, ㄷ ⑤ ㄱ, ㄴ, ㄷ

9. <견해>에 대한 평가로 옳은 것만을 <보기>에서 있는 대로 고른 것은?

어떤 사람이 자신이 의도한 대로 범죄행위를 했지만 그 행위에 따라 결과가 발생하는 것이 처음부터 불가능한 경우에는 처벌되지 않는다. 그러나 그 행위에 위험성이 있다면 미수범으로 처벌된다. 이와 관련하여 다음의 <견해>가 있다.

갑: 행위자가 실제로 한 행위가 아니라 행위자가 인식한 내용을 기준으로 위험성 여부를 판단해야 한다. 즉 행위자가 인식한 내용대로라면 실제로 결과가 발생하는 경우에는 위험성을 인정하고, 실제로 결과가 발생하지 않는 경우에는 위험성을 인정하지 않는다.

을: 어떤 행위에 대한 위험성은 그 행위가 실제로 위험을 초래할 수 있는지를 고려해야 하므로 행위자가 실제로 한 행위를 기준으로 위험성 여부를 판단해야 한다. 즉 행위자가 실제로 한 행위가 결과를 초래한다면 위험성을 인정하고, 결과를 초래하지 않는다면 위험성을 인정하지 않는다.

<보 기>

ㄱ. 이미 죽은 사람을 산 사람으로 착각하여 차로 쳐서 죽이려고 한 사람은 미수범으로 처벌할 수 없다는 주장은 갑을 약화하고, 을을 강화한다.

ㄴ. A가 B를 죽이기 위해 B에게 물을 먹인 경우 A가 그 물을 B를 죽일 수 있는 양의 독약으로 생각했다면 갑은 미수범으로 처벌해야 한다는 주장은 갑을 강화하고, 을을 약화한다.

ㄷ. C가 해열제로 사람을 죽일 수 있다고 생각하여 D를 죽이기 위해 D에게 해열제를 먹인 경우 C를 미수범으로 처벌할 수 없다는 주장은 갑을 강화하지 않고 을을 약화한다.

① ㄱ ② ㄷ ③ ㄱ, ㄴ
④ ㄴ, ㄷ ⑤ ㄱ, ㄴ, ㄷ

10. <상황>에 대한 판단으로 옳은 것만을 <보기>에서 있는 대로 고른 것은?

[규정]

제1조 ① 폭행이나 협박을 동원하지 않고 ⓐ 타인의 재물(타인이 점유하고 있는 재물)을 자기 또는 제3자의 점유로 옮기는 경우 6년 이하의 징역에 처한다.

② 전항의 점유란 동산을 보유하고 있는 상태(직접 가지고 있는 동산 및 자신 소유의 창고나 상점에 있는 동산을 포함한다.)를 말한다.

<상황>

갑은 을이 어깨에 메고 있는 을의 가방 X를 가져오기 위해서 ㉠ 을의 팔을 쳐서 X를 을로부터 분리한 후 X를 들고 도망갔다. 이후 갑은 X를 자신의 창고에 보관하였다. 이후 병은 ㉡ 갑의 창고에 몰래 들어가서 X를 가져왔다. 정은 무의 상점에 들어가서 무에게 그 상점에 있는 노트북 Y를 구매할 의사를 전달하였다. 이에 무가 Y를 구경해 보라는 말과 함께 Y를 정에게 주었다. ㉢ 무에게 Y를 받은 정은 그 즉시 Y를 가지고 도망갔다.

<보 기>

ㄱ. ⓐ에서 타인의 재물을 옮길 때 그 타인 몰래 재물을 옮길 필요는 없다는 주장은 ㉠을 제1조 제1항에 따라 처벌하는 것을 찬성하는 논거가 된다.

ㄴ. ⓐ에서 타인의 재물에는 타인이 점유하고 있는 제3자 소유의 재물이 포함되지 않는다는 주장은 ㉡을 제1조 제1항에 따라 처벌하는 것을 반대하는 논거가 된다.

ㄷ. ⓐ에서 동산을 인도하는 행위가 존재하지 않아야 한다는 주장은 ㉢을 제1조 제1항에 따라 처벌하는 것을 반대하는 논거가 된다.

① ㄱ ② ㄷ ③ ㄱ, ㄴ
④ ㄴ, ㄷ ⑤ ㄱ, ㄴ, ㄷ

11. [규칙]을 <사례>에 적용한 것으로 옳은 것만을 <보기>에서 있는 대로 고른 것은?

P회사에서는 다음의 [규칙]에 따라 매년 잉여금을 주주들에게 배분한다.

[규칙]

제1조 ① '자본금'이란 발행된 주식의 총수에 그 주식의 액면가를 곱한 것을 말한다.

② '잉여금'이란 전항의 '자본금'을 통해서 거둬들인 이익을 말한다.

제2조 ① 결산은 매년 12월에 하고, 결산 결과 자본금 대비 잉여금의 비율이 1/6을 초과하면 잉여금의 1/2를 주주배당분으로 배정한다.

② 배정되는 주주배당분이 발생하면 그 주주배당분에 해당하는 금액만큼 새로운 주식을 그 다음 연도에 발행하되 발행되는 주식의 총수(기존의 주식과 새로 발행되는 주식의 총합)은 500만 주 이하가 되도록 한다. 이때 새로 발행되는 주식의 액면가는 결산 연도의 주식의 액면가와 동일해야 한다.(예시: 사례의 표에서 2021년도 결산 시기에 발행되는 주식의 액면가는 2만 원이다.)

③ 제2항에 따라 주식을 새로 발행한 후에 주주배당분이 남는 경우 그 부분을 잉여주주배당금으로 배정한다.

제3조 제2조 제2항 및 제3항의 새로 발행되는 주식과 잉여주주배당금은 각각 발행된 총주식 대비 각 주주들이 가진 주식의 비율로 각 주주들에게 배분한다.

<사례>

P에서 2021년부터 2023년까지 매년 12월에 결산한 결과는 아래의 표와 같다.(단, 제2조 제2항에 따라 발행되는 주식 이외에는 새로 발행되는 주식은 없으며, 소멸하는 주식은 없다.)

결산연도	주식 액면가 (만 원)	발행된 주식의 총수 (만 주)	잉여금 (억 원)
2021년	2	400	200
2022년	4	?	300
2023년	2	?	300

<보 기>

ㄱ. 2022년 결산 시 주주배당분으로 150억 원이 배정된다.

ㄴ. 2023년의 결산 결과에 따라 배정되는 잉여주주배당금은 100억 원 이상이다.

ㄷ. 2021년에 P사에서 발행된 주식의 총수의 1/10을 가진 주주에게는 2022년에 새로 발행된 주식 중 5만 주가 배분된다.

① ㄱ ② ㄷ ③ ㄱ, ㄴ
④ ㄴ, ㄷ ⑤ ㄱ, ㄴ, ㄷ

12. [규칙]을 <사례>에 적용한 것으로 옳은 것만을 <보기>에서 있는 대로 고른 것은?

고대국가인 S국의 관료는 등급이 높은 순서부터 차례대로 1품부터 6품까지 총 6개의 등급으로 구분되었다. 이들은 녹봉 대신 관료로 재직하는 동안 특정의 토지에서 일정한 세금을 거둘 수 있는 권리를 하사받았는데, 이 토지를 수조지라고 한다. 각 등급별로 받을 수 있는 수조지의 면적이나 품질은 다음의 [규칙]에 의해 결정되었다.(단, 관료들이 가진 수조지 면적의 최소단위는 '두락'이다.)

[규칙]

1. 토지의 품질은 상질, 중질, 하질로 구분한다. 한 두락의 면적을 기준으로 상질의 토지(이하 '상질')는 연간 3섬의 쌀이 생산되는 토지, 중질의 토지(이하 '중질')는 연간 2섬의 쌀이 생산되는 토지, 하질의 토지(이하 '하질')는 연간 1섬의 쌀이 생산되는 토지로 정의한다.
2. 1에서의 쌀 생산량을 기준으로 구분한 토지의 품질별로 연간 거둘 수 있는 세금은 상질은 1/3, 중질은 1/4, 하질은 1/5이다.
3. 수조지를 가진 관료만이 그 수조지에서 세금을 거둘 수 있다. 관료들은 등급에 따라 1품은 20섬, 2품은 15섬, 3품은 12섬, 4품은 10섬, 5품은 8섬, 6품은 7섬의 쌀을 각각 세금으로 거둘 수 있는 면적의 토지를 수조지로 하사받는다.

<사례>

갑, 을, 병, 정은 S국의 관료이다. 갑이 가진 수조지는 상질 10두락과 중질 10두락이 포함되어 있고, 을이 가진 수조지 중 중질의 수조지는 총 20두락이며, 병과 정이 가진 수조지 중 하질의 수조지는 각각 25두락이다. 한편 이들의 등급은 모두 다르고, 병은 정보다 등급이 낮다.

<보 기>

ㄱ. 병이 가진 상질의 수조지는 10두락 미만이다.

ㄴ. 갑이 하질의 토지를 가지고 있다면 을은 갑보다 등급이 낮다.

ㄷ. 병이 을보다 등급이 높다면 병이 자신의 수조지에서 연간 거둘 수 있는 쌀은 12섬이다.

① ㄱ ② ㄷ ③ ㄱ, ㄴ
④ ㄴ, ㄷ ⑤ ㄱ, ㄴ, ㄷ

13. 다음 논쟁에 대한 분석으로 옳은 것만을 <보기>에서 있는 대로 고른 것은?

숯을 생산하는 갑이 을로부터 1천만 원을 빌리면서 갑이 ㉠ 창고 X에 보관하던 10톤의 숯을 1천만 원에 대한 담보(채무 불이행 시 채무의 변제를 확보하는 수단으로 채권자에게 제공하는 것)로 설정하는 계약 S를 체결하였다. S에 따라 갑이 을에게 S를 체결한 후 1년이 경과된 시점에 1천만 원을 갚지 않으면 X에 보관된 10톤의 숯은 을의 소유가 된다. S를 체결한 직후 갑은 매달 X에 보관된 숯을 1톤씩 꺼내서 팔았고 팔린 양만큼 숯을 생산하여 채워 넣었다. 이에 따라 S가 체결되고 11개월이 지난 시점에 X에는 S가 체결될 당시에 있던 숯 대신 ㉡ 새로 채워진 숯 10톤만 남아 있었다. 이에 갑은 X에 보관하던 10톤의 숯은 모두 사라졌으니 을이 담보를 실행할 수 있는 권리(이하 '담보권')도 소멸되었고 이에 따라 1천만 원을 갚지 않아도 현재 X에 있는 10톤의 숯은 여전히 자신의 소유라고 주장하였다. 이와 관련하여 다음의 논쟁이 벌어졌다.

A: 담보가 설정된 물건이 소실되거나 타인 소유가 된 경우에는 담보권 역시 소멸한다. 그런데 동일 종류의 물건이 다수가 모여서 동일한 장소에서 하나의 집단을 이루는 경우 그 집단은 하나의 물건으로 취급될 수 있다. 그러므로 특정 장소에 있는 특정 종류의 물건이 집단을 이루면 그 집단은 하나의 물건으로 취급되어 집단을 이루는 구성물이 동일한 종류의 구성물로 교체되어 그 양의 차이가 없다면 그 집단은 구성물이 교체되기 이전의 집단으로 간주된다.

B: 채권에 대한 담보를 설정하기 위해서는 담보가 설정되는 물건 즉 담보물이 실제로 존재해야 하고, 그 물건은 특정되어야 한다. 그러므로 담보물이 존재하지 않으면 담보권 역시 소멸된다. 또한 원래 설정되었던 담보물과 같은 종류의 물건일지라도 그 물건은 원래의 담보물이 아닌 종류가 같은 다른 물건으로 보아야 한다.

<보 기>

ㄱ. ㉠과 ㉡이 동일한 물건이 아니라는 주장에 B는 찬성하지만 A는 반대할 것이다.

ㄴ. 창고 P에 보관하던 10가마니의 쌀에 담보가 설정되었고 이후 해당 쌀이 5가마니의 새로운 쌀로 교체된 경우 그 담보를 실행할 수 있는 권리는 소멸된다는 주장에 A와 B는 찬성할 것이다.

ㄷ. 병이 소유한 돼지 중 10마리를 담보로 설정한다는 계약을 체결한 경우 이후 병이 자신이 소유한 돼지를 모두 다른 돼지로 교체했더라도 그 담보를 실행할 수 있는 권리는 소멸되지 않는다는 주장에 A는 찬성할 것이다.

① ㄱ ② ㄷ ③ ㄱ, ㄴ
④ ㄴ, ㄷ ⑤ ㄱ, ㄴ, ㄷ

14. <견해>에 대한 분석으로 옳은 것만을 <보기>에서 있는 대로 고른 것은?

우리는 타인에게 피해를 주는 행위가 일정한 요건을 충족하는 경우에는 그 행위가 윤리적으로 정당하다고 본다. 아래 두 상황을 보자.

(상황 1) ㉠ 갑은 을을 밀어서 넘어뜨렸고 그 결과 을이 부상을 입었다. 그 직후 ㉡ 을은 갑에게 폭력을 행사하였고 그 결과 갑이 부상을 입었다.

(상황 2) ㉢ 병은 정의 집인 X 옆에 있던 정의 물품보관용 창고 Z만을 없애기 위해 Z에 불을 놓았고 그 결과 Z에 붙은 불이 X로 옮겨붙어서 X와 Z가 모두 전소되었다. 그 직후 ㉣ 정은 병의 집 Y에 고의로 화재를 일으켜서 Y를 전소시켰다.

위 두 상황에서 을과 정의 행위가 윤리적으로 정당한지에 대해 아래와 같은 두 견해가 있다.

A: 내가 타인에게 피해를 주는 행위가 윤리적으로 정당하기 위해서는 내가 그 행위를 하기 전 그 타인이 나에게 피해를 입혔어야 하고, 내가 타인에게 준 피해는 타인이 나에게 준 피해보다 크지 않아야 한다. 이를 충족하는 나의 행위는 윤리적으로 정당하고 그렇지 않은 나의 행위는 윤리적으로 정당하지 않다.

B: 타인이 나에게 고의로 피해를 준 경우에만 내가 그 타인에게 피해를 주는 것이 윤리적으로 정당화될 수 있다. 이 경우에도 타인이 나에게 준 피해보다 내가 타인에게 준 피해가 크지 않아야 한다. 여기서 타인이 나에게 준 피해란 타인이 나에게 주려고 했던 피해를 의미한다. 이를 충족하는 나의 행위는 윤리적으로 정당하고 그렇지 않은 나의 행위는 윤리적으로 정당하지 않다.

<보 기>

ㄱ. ㉠으로 인한 피해가 ㉡으로 인한 피해보다 더 작더라도 ㉡은 윤리적으로 정당할 수도 있다는 주장은 A를 약화한다.

ㄴ. ㉠이 실수이고 ㉠으로 인한 피해가 ㉡으로 인한 피해보다 작은 경우 A에 따르면 ㉡은 윤리적으로 정당하지만, B에 따르면 정당하지 않다.

ㄷ. (상황 2)에서 X가 전소된 것과 Y가 전소된 것에 대한 피해가 동일하고, Y가 전소된 것보다 Z가 전소된 것이 피해가 더 적은 경우 ㉣은 A에 따르면 윤리적으로 정당하지만, B에 따르면 윤리적으로 정당하지 않다.

① ㄱ ② ㄴ ③ ㄱ, ㄷ
④ ㄴ, ㄷ ⑤ ㄱ, ㄴ, ㄷ

15. 다음 글에 대한 분석으로 옳은 것만을 <보기>에서 있는 대로 고른 것은?(단, 제시된 내용만 고려한다.)

원리 K에 따르면 어떤 행위가 합리적이라면 그 행위를 하는 것은 자신에게 이익이 되고, 어떤 행위를 하는 것이 윤리적이라면 그 행위를 하는 것은 합리적이다. 결국 K는 타인에게 해를 끼치지 않으면서 자신에게 이익이 되는 행위가 윤리적인 행위라고 본다. 여기서 자신에게 이익이 되는 행위가 어떤 것인지에 대해 다음의 <견해>가 있다.

<견해>

A: 자신이 가장 원하거나 가장 좋아하는 행위

B: 자신이 직접적으로 물질적 이익을 얻는 행위

C: 자신이 직접 또는 간접적으로 물질적 이익을 얻는 행위

<상황>

다수의 사람들이 모인 곳에서 강도 갑이 을을 인질로 삼으면서 탈출을 시도하고 있었다. 이를 목격한 병이 위험을 무릅쓰고 ㉠ 갑을 제압하여 을을 구출하였다. 이 상황과 관련된 다음 (1)~(3)을 가정해 보자.

(1) 병은 ㉠에 따라 정의로운 사람으로 유명해져서 ㉠ 이후에 사람들이 병을 보면 음식이나 물건 등을 무상으로 제공해 준다. 이때 ㉠에 의해 해가 발생한 사람은 없다.

(2) 병은 공명심이 있어서 다수의 사람들이 모인 곳에서 사람들을 구출하는 것을 좋아하지만 ㉠으로 인한 물질적 이익은 발생하지 않는다.

(3) 병이 갑을 제압하는 과정에서 갑과 병 간에 물리적 충돌이 발생하여 두 명 모두 큰 부상을 입었다. 이에 따라 병에게는 해당 부상에 대한 치료비와 갑을 제압한 것에 대한 보상금이 지급된다.

<보 기>

ㄱ. C에 따르면 (1)을 가정하는 경우 ㉠은 윤리적 행위이다.

ㄴ. (3)을 가정하는 경우 B와 C에 따르면 ㉠은 도덕적 행위이다.

ㄷ. (2)를 가정하는 경우 ㉠은 B에 따르면 도덕적 행위가 아니지만 A에 따르면 도덕적 행위가 된다.

① ㄱ ② ㄴ ③ ㄱ, ㄷ
④ ㄴ, ㄷ ⑤ ㄱ, ㄴ, ㄷ

16. 다음 글에 대한 평가로 옳은 것만을 <보기>에서 있는 대로 고른 것은?

지각이란 감각기관을 통해 외부대상을 인식하는 것이다. 즉 우리의 내면에서 감각기관을 통해 받아들여진 외부대상의 형상인 표상이 형성되고, 그 표상을 우리가 인식함으로써 우리가 그 대상을 지각하는 것이다. 예를 들어 우리가 앞에 있는 소나무를 보는 경우 우리가 소나무를 직접 인식하는 것이 아니라 우리의 내면에 형성한 소나무 형상인 표상을 인식한다. 즉 우리는 어떤 외부대상이 우리의 내면에 표상으로 형성되는 단계와 그렇게 형성된 표상을 우리가 인식하는 단계를 거치면서 지각한다.

그런데 우리는 종종 외부대상을 다른 것으로 착각하기도 한다. 예를 들어 우리가 소나무를 대나무로 착각했다면 외부 대상은 소나무지만 우리가 인식하는 표상은 대나무가 된다. 만약 외부대상이 우리의 내면에 표상을 형성하고, 이 같은 착각은 우리의 내면에 잘못된 표상이 형성되어서 발생한다고 가정해 보자. 이 경우 우리는 외부 대상에 대해 어떠한 확신도 가질 수 없게 되고, 나아가 외부 대상에 대한 어떠한 정보도 획득할 수 없다. 그러나 이것은 지금까지 알려진 지식과는 부합하지 않는다. 결국 착각이 우리가 표상을 인식하는 과정에서 발생하거나 ㉠ 착각이 잘못 형성된 표상으로 발생하지만 그 표상은 외부대상이 아닌 우리 내면의 무언가에 의해서 형성된다고 볼 수밖에 없다. 만약 후자가 참이라면 외부대상은 지각주체에 의존적일 수밖에 없기 때문에 지각주체가 그 외부대상을 지각하고 있을 때만 존재할 수 있다.

<보 기>

ㄱ. ㉠이 참인 경우 눈 앞에 있는 사과가 어떤 지각 주체에 의해서도 지각되지 않으면 그 사과는 존재하지 않는다.

ㄴ. ㉠이 거짓인 경우 눈 앞의 사과가 사과라는 표상을 형성하면 우리는 그 사과를 사과로 인식한다.

ㄷ. ㉠이 거짓인 경우 눈 앞에 있는 사과를 우리가 복숭아로 인식하면 그 사과는 우리의 내면에 복숭아라는 형상을 만든다.

① ㄱ ② ㄷ ③ ㄱ, ㄴ
④ ㄴ, ㄷ ⑤ ㄱ, ㄴ, ㄷ

17. 다음 글에 대한 분석으로 옳은 것만을 <보기>에서 있는 대로 고른 것은?

사람들은 여러 가지 대안 중 하나를 선택할 것을 요구받는 경우 그 대안들이 모두 동일한 결과를 가져올지라도 질문 방식에 따라 상이한 판단을 한다. 이를 설명하는 가설 P에 따르면 사람들은 동일한 결과를 가져오는 대안일 경우에도 이익, 살림, 지킬 수 있음 등과 같은 표현(이하 '긍정표현')이 사용된 대안보다 손해, 죽음, 지킬 수 없음 등과 같은 표현(이하 '부정표현')이 사용된 대안을 선택할 가능성이 더 낮다.

가설 T에 따르면 동일한 결과를 가져오는 두 가지 대안이 제시된 상황에서 그 두 대안에 모두 긍정표현이 사용된 경우 확률적인 표현이 사용된 대안보다 확정적인 표현이 사용된 대안을 선택할 가능성이 더 높고, 이와는 반대로 두 가지 대안에 모두 부정적인 표현이 사용된 경우 확정적인 표현이 사용된 것보다 확률적인 표현이 사용된 대안을 선택할 가능성이 더 높다. 여기서 확정적 표현이란 대안을 선택했을 경우 그에 따른 결과가 확실히 발생하는 것으로 표현된 것(이하 '확정값')을 말하고 확률적 표현이란 그 결과가 발생할 확률이 확률적으로 표현된 것(이하 '기댓값')을 말한다. 이때 기댓값이란 어떤 대안을 선택했을 때 발생하는 이익이나 손해의 양과 그 이익이나 손해가 발생할 확률을 곱한 것을 말한다. 그리고 결과가 동일하다는 것은 확정값과 기댓값이 동일하다는 것을 의미한다. 예를 들어 1/5의 확률로 10만 원을 잃을 가능성이 있는 경우 그 기댓값은 2만 원이기 때문에 "1/5의 확률로 10만 원을 잃는다."는 결과와 "2만 원을 잃는다."는 결과는 동일하다.

<사례>

(가) 사람들에게 "소 10마리를 확정적으로 잃는다."라고 표현된 대안 1과 "1/2의 확률로 소 22마리를 잃는다."라고 표현된 대안 2 중 어떤 것을 선택할지 물어보았다.

(나) 사람들에게 화재가 발생한 토지 A와 관련하여 "A 면적 중 70%만 지킬 수 있다."라고 표현된 대안 3과 "A 면적 중 30%만 지킬 수 없다."라고 표현된 대안 4를 제시하고 이 중 어떤 것을 선택할지 물어보았다.

(다) 사람들에게 전염병이 창궐한 B 마을과 관련하여 "1/2의 확률로 20명을 살릴 수 있다."라고 표현된 대안 5와 "확정적으로 10명을 살릴 수 있다."라고 표현된 대안 6 중 어느 것을 선택할지 물어보았다.

<보 기>

ㄱ. T에 따르면 (가)에서 대안 1보다 대안 2를 선택하는 사람들이 더 많을 것이다.

ㄴ. (나)에서 사람들이 대안 4보다 대안 3을 더 많이 선택했다면 P는 강화되고 T는 강화되지 않는다.

ㄷ. (다)에서 사람들이 대안 5보다 대안 6을 선택하는 사람들이 더 많았다면 T는 강화된다.

① ㄱ ② ㄷ ③ ㄱ, ㄴ
④ ㄴ, ㄷ ⑤ ㄱ, ㄴ, ㄷ

18. 다음 <견해>에 대한 분석으로 옳은 것만을 <보기>에서 있는 대로 고른 것은?

범죄행위를 할 가능성을 높이는 요인으로 어떤 것이 있는지에 대해 다음의 <견해>가 있다.

<견해>

갑: 유년기나 청소년기와 같은 성장기에는 어떤 대상과 생활하는 시간에 비례해서 그 대상과의 유대감이 높아지고, 유대감이 높은 대상일수록 그 대상의 행동을 모방할 가능성이 높다. 그러므로 성장기의 미성년자와 어떤 대상과의 유대감이 높을수록 해당 미성년자가 그 대상이 가진 속성을 가질 가능성은 높아진다. 결국 어떤 사람이 범죄행위를 할 가능성은 그 사람이 누구와 깊은 유대감을 형성했는지에 의해서 결정된다.

을: 모든 사람들이 선천적으로 범죄행위를 할 가능성은 유사하다. 그러나 사회적 교감능력은 이 같은 범죄행위를 억제하는 효과를 가진다. 그리고 이 같은 사회적 교감능력은 다양한 사람과의 관계 속에서 강화되므로 유년기에 더 많은 사람과 친밀한 관계를 유지한 사람일수록 높아진다. 결국 범죄행위를 할 가능성은 사회적 교감능력의 높고 낮음에 따라 달라진다.

병: 각 사회 내에는 많은 하위 문화가 자리잡고 있다. 그런데 어떤 하위 문화의 규범에 부합하는 행위가 그 하위 문화를 포함하는 사회 규범에서는 범죄행위가 될 수도 있다. 이 경우 해당 하위 문화를 접한 후 그 문화를 받아들인 개인은 그 사회의 규범에 따른 범죄행위를 할 가능성이 높아진다.

<보 기>

ㄱ. 환경적 요인이 제거되면 범죄행위를 할 가능성이 높아질 수도 있다는 것에 을은 동의한다.

ㄴ. 병은 범죄행위를 할 가능성이 학습을 통해서 높아질 수도 있다는 것에 동의하지 않는다.

ㄷ. 범죄행위를 할 가능성은 선천적인 요인에 의해서 결정된다는 것에 을은 동의하지만 갑은 동의하지 않는다.

① ㄱ ② ㄷ ③ ㄱ, ㄴ
④ ㄴ, ㄷ ⑤ ㄱ, ㄴ, ㄷ

19. 다음 논쟁에 대한 분석으로 옳은 것만을 <보기>에서 있는 대로 고른 것은?

어떤 명제가 과학적으로 의미 있는 명제(이하 '과학명제')가 될 수 있는지에 대해 다음의 논쟁이 있다.

갑: 우리의 지식은 경험을 토대로 구축되어 왔기 때문에 현재 시점에서 경험을 통해 검증될 수 있는 명제만이 과학명제가 된다. 그러므로 어떠한 정의와 같이 사람들 간에 약속에 의해 만들어진 명제는 물론 명제에 제시된 집합의 일부를 관찰할 수 있더라도 현재 시점에서 그 명제가 참이라는 것을 증명할 수 없는 명제는 과학명제가 될 수 없다. 가령 "하늘에 떠 있는 태양의 모양은 둥글다."라는 명제는 태양을 관찰함으로써 그것이 참임을 증명할 수 있지만, "이등변 삼각형은 두 변의 길이가 같은 삼각형이다."라는 명제는 이등변 삼각형을 두 변의 길이가 같은 삼각형으로 정의하자는 약속이므로 과학명제가 될 수 없다.

을: 어떤 명제가 과학명제가 되기 위한 조건으로 그것이 검증될 필요는 없지만 그 명제를 통해서 미래에 대한 어떠한 것도 예측할 수 없다면 그 명제는 과학명제가 될 수 없다. 결국 어떤 명제가 미래를 예측할 수 있으면서 진위여부가 확인될 가능성이 있다면 그 명제는 과학명제가 된다. 예를 들어 "지구는 1년을 주기로 태양을 공전한다."라는 명제를 통해서 지구가 과거와 현재는 물론 미래에도 1년을 주기로 태양을 공전한다는 것을 예측할 수 있다. 반면 "세종대왕은 조선의 4번째 왕이다."라는 명제의 경우 세종대왕과 조선의 4번째 왕이 동일한 대상을 지칭하는 동의어이기 때문에 미래에 대해 어떠한 것도 예측할 수 없다.

<보 기>

ㄱ. 갑과 을 어느 것에 따르든 "모든 까마귀는 검은색이다."라는 명제는 과학명제가 될 수 없다.

ㄴ. 갑에 따르면 "총각은 결혼하지 않은 남자이다."라는 명제는 과학명제가 아니지만 을에 따르면 과학명제이다.

ㄷ. 갑에 따르면 "내 앞에 있는 새 A는 날개를 가진다."라는 명제는 과학명제이지만 을에 따르면 과학명제가 아니다.

① ㄱ ② ㄷ ③ ㄱ, ㄴ
④ ㄴ, ㄷ ⑤ ㄱ, ㄴ, ㄷ

20. <견해>에 대한 평가로 옳은 것만을 <보기>에서 있는 대로 고른 것은?

<견해>

갑: 사람들은 자신이 타인에게 고통을 주는 행위를 하면 죄책감을 느끼게 되는데, 그러한 죄책감의 크기는 자신이 타인에게 주는 고통의 강도에 비례한다. 그러나 이 같은 죄책감은 다른 사람에게 그 행위에 대한 책임을 전가할 수 있는 경우 줄어드는데, 이에 따라 줄어드는 죄책감의 크기는 책임을 전가한 그 사람의 사회적 권위가 높을수록 커진다.

을: 사람들은 자신이 타인에게 고통을 주는 행위를 하면 죄책감을 느끼게 되는데, 그러한 죄책감의 크기는 자신이 타인에게 주는 고통으로 인해 그 타인이 반응하는 크기에 비례한다. 그러나 이 같은 죄책감은 다른 사람에게 그 행위에 대한 책임을 전가할 수 있는 경우 줄어드는데 이에 따라 줄어드는 죄책감의 크기는 책임을 전가할 수 있는 사람이 많을수록 커진다.

두 견해 중 어느 것이 더 설득력이 있는지를 알아보기 위해 다음의 <실험>이 진행되었다.

<실험>

무작위로 선정된 80명의 참가자들에게 각각 한 명의 조력자를 배치하여 참가자와 조력자가 한 조를 이루는 80개의 조를 구성한다. 각 조의 참가자는 강과 약의 두 개 버튼이 있는 기계 X에 앉아 있고, 조력자는 X에 연결된다. 실제로는 X의 버튼을 눌러도 조력자에게 고통을 주지 않지만, 실험참가자들에게는 이 사실을 숨기고 강 버튼을 누르면 강한 고통, 약 버튼을 누르면 약한 고통을 조력자에게 준다고 알려준다.

80개의 조를 20개씩 A, B, C, D의 네 개 그룹으로 나눈 후 A의 참가자에게는 강 버튼과 약 버튼을 각각 한 번 누르라고 지시하고 B, C, D에게는 강 버튼을 한 번씩 누르라고 지시한다. 그런 후 C의 참가자에게는 버튼을 누른 행위에 대한 책임을 L과 T에게 전가할 수 있도록 하고, D의 참가자에게는 버튼을 누른 행위를 T에게 책임을 전가할 수 있도록 하였다.

<보 기>

ㄱ. 실험이 진행되는 동안 A와 B의 참가자들이 느끼는 죄책감이 모두 일정한 수준을 유지하였다면 갑은 약화된다.

ㄴ. 다른 모든 조건이 동일한 경우 실험이 종료된 직후 B와 C의 참가자들이 느끼는 죄책감이 유사한 수준이었다면 갑과 을은 모두 약화된다.

ㄷ. L이 T보다 사회적 권위가 더 낮은 경우 D보다 C의 참가자들의 죄책감이 더 높았다면 을은 약화되고 갑은 강화된다.

① ㄱ ② ㄷ ③ ㄱ, ㄴ
④ ㄴ, ㄷ ⑤ ㄱ, ㄴ, ㄷ

21. 다음으로부터 추론한 것으로 옳은 것만을 <보기>에서 있는 대로 고른 것은?

> 거짓말 탐지기를 통한 검사 방식에는 가부형과 단답형이 있는데 가부형은 검사자가 피검사자에게 '예' 또는 '아니오'로만 진술할 수 있는 질문을 하고 피검사자가 이에 진술하는 것이다. 반면 단답형은 검사자가 피검사자에게 가부형으로 진술할 수 없으면서 단답형으로만 진술할 수 있는 질문을 하고 피검사자가 이에 진술하는 것을 말한다. 예를 들어 "당신은 절도를 했습니까?"와 같은 질문에 진술하는 것은 가부형이고 "당신은 어디서 절도를 했습니까?"와 같은 질문에 진술하는 것은 단답형이다.
>
> 거짓말 탐지기를 통한 증거확보 과정에서는 동일한 사건에서 동일한 방식에 따른 진술의 신뢰도는 모두 같지만 예외적으로 용의자의 진술과 그 이외의 진술의 신뢰도가 동일하면 용의자의 진술이 그 이외의 진술보다 신뢰도가 낮다고 간주된다. 또한 동일한 사건에서 가부형 방식에 따른 진술은 단답형 방식에 따른 진술보다 신뢰도가 높다. K국에서는 거짓말 탐지기를 이용해 얻은 피검사자의 진술 중 신뢰도가 0.7 이상인 것만 증거로 채택되고 그러한 진술이 둘 이상이면 그중 신뢰도가 가장 높은 진술과 양립할 수 있는 진술만 증거로 채택된다. 한편 검사자가 피검사자에게 질문을 두 번 할 때가 있는데 이에 따른 피검사자의 두 진술이 다르면 두 진술의 신뢰도는 각각 0이 되고, 같으면 원래의 진술에 대한 신뢰도에서 0.2를 더한 값이 되며, 그 더한 값이 1을 초과하면 1이 된다. 가령 질문 X를 한 번 했을 때 그에 대한 진술 Y의 신뢰도가 0.3이면 X를 두 번 했을 때 그에 대한 두 진술이 Y로 동일한 경우 Y의 신뢰도는 0.5가 된다.
>
> **<상황>**
>
> Z가 차에 치여 사망한 사건의 용의자로 지목된 갑과 Z가 차에 치이는 장면을 목격했다고 주장하는 을과 병이 거짓말 탐지기 검사를 받았다. 검사자 P는 갑에게 "Z를 차로 치었습니까?"라고 묻자, 갑은 "아니오."라고 진술했다. P는 을에게 "갑이 몇 시에 Z를 사망에 이르게 했습니까?"라고 묻자 을은 ㉠ "13시입니다."라고 진술했으며, P는 을에게 "갑이 13시에 Z를 사망에 이르게 한 것이 맞습니까?"라고 묻자 을은 ㉡ "예."라고 진술했다. P는 병에게 "Z가 어떻게 사망했습니까?"라고 묻자 병은 ㉢ "갑의 차에 치여서 사망했습니다."라고 진술했다. P는 다시 갑에게 ㉣ "Z를 차로 치었습니까?"라고 물었다.

<보 기>

ㄱ. ㉣의 물음에 갑이 "아니오."라고 진술했고, ㉢의 신뢰도가 0.71이라면 ㉡은 증거로 채택되지 않는다.

ㄴ. ㉣의 물음에 갑이 "예."라고 진술했고 ㉠의 신뢰도가 0.8이라면 ㉠, ㉡, ㉢은 증거로 채택된다.

ㄷ. ㉣의 물음에 갑이 "아니오."라고 진술했고, ㉡의 신뢰도가 0.4 미만이라면 갑, 을, 병의 진술은 모두 증거로 채택되지 않는다.

① ㄱ　② ㄷ　③ ㄱ, ㄴ
④ ㄴ, ㄷ　⑤ ㄱ, ㄴ, ㄷ

22. 다음 글에 대한 분석으로 옳은 것만을 <보기>에서 있는 대로 고른 것은?

> 정신이 존재하지 않는다면 그 어떤 것도 목적을 가질 수 없다. 목적이란 정신에 의해서 발생하는 것이기 때문이다. 그러므로 우리는 정신의 존재를 인정해야 한다. 정신이 존재하는 경우 정신 내부에서 발생하는 정신적 사건과 외부에서 발생하는 물리적 사건은 구별된다. 이때 ㉠ 어떤 것이 존재한다면 그것은 다른 것을 일으킬 수 있고 어떤 것이 다른 것을 일으킬 수 있다면 그것은 반드시 존재하므로 정신적 속성은 물리적 속성을 일으킬 수 있는 힘을 가진다.
>
> 한편 이 같은 인과적 힘이 있다는 점은 우리의 일상생활에서도 충분히 경험할 수 있다. 예컨대 내가 컴퓨터 전원을 누른 행위를 설명하는 가장 좋은 방법은 내가 컴퓨터로 무언가를 하기 위해 전원을 누르기를 원했다고 말하는 것이다. 즉 내가 원하기 때문에 나의 몸이 움직인 것일 뿐 물리적인 원인에 따라 내 몸이 자동으로 움직인 것이 아니다. 만약 인간의 행동이 정신적 사건으로부터 비롯된 것이 아니라면 지금까지 인간이 쌓아왔던 모든 지적 활동은 단지 물리적인 법칙에 의해서 발생하는 사건에 불과하다. 그러나 이것은 받아들일 수 없는 결론이므로 ㉡ 인간의 모든 행동은 정신적 사건으로부터 비롯된 것이라는 점을 인정해야만 한다.

<보 기>

ㄱ. ㉠이 부정되더라도 ㉡은 도출된다.

ㄴ. 물리적 사건은 정신적 사건에 영향을 준다.

ㄷ. 어떤 목적을 가지기 위해서는 의지가 필요한 경우 의지는 존재하지 않는다는 주장은 윗글을 약화한다.

① ㄱ　② ㄴ　③ ㄱ, ㄷ
④ ㄴ, ㄷ　⑤ ㄱ, ㄴ, ㄷ

23. B의 논증에 대한 반론이 될 수 있는 것만을 <보기>에서 있는 대로 고른 것은?

A: 인간은 그 어떤 동물보다 뛰어난 지능을 가지며, 다른 동물들이 가지지 못한 복잡한 표현을 할 수 있는 언어도 가진다. 이 같은 인간과 동물 간의 차이는 동물의 가치가 인간의 가치보다 낮다는 것을 의미하므로 지식의 발전을 위해서 동물을 사용하는 것은 정당하다. 그러므로 교육이나 생물학적 재료를 만드는 등의 과학적 목적을 위해 동물을 대상으로 실시하는 동물실험은 당연히 허용되어야 한다.

B: 인간과 동물의 차이점이 양자의 가치를 결정하는 기준이 될 수 있지만, 그 가치의 크고 작음이 동물실험의 허용 여부를 결정하는 것은 아니다. 만약 동물이 느끼는 고통이 인간보다 작지 않다면 동물과 인간을 차별해서는 안 되므로 이 같은 동물을 대상으로 실험을 한 결과 실험 도중 또는 실험 후에 해당 동물이 고통을 받은 경우 그 실험은 정당화될 수 없다. 그리고 동물의 생명에 대한 가치는 인간의 생명에 대한 가치를 제외하고 가장 크기 때문에 인간의 생명을 살리기 위한 목적이 아닌 경우에는 동물의 생명을 해치는 행위를 하는 것은 정당화되지 않는다. 그리고 이 같은 목적을 달성하기 위한 방법이 동물실험 이외에는 존재하지 않는 경우에만 동물실험이 허용될 수 있다. 하지만, 동물실험은 위에서 열거한 정당화될 수 있는 요건을 모두 갖추지 못했다. 그러므로 동물실험은 어떠한 경우에도 정당화될 수 없다.

<보 기>

ㄱ. 동물실험에 사용되는 동물은 모두 실험이 진행되는 동안에는 마취가 된 상태이기 때문에 고통을 느끼지 못한다.

ㄴ. 인간의 생명을 살릴 수 있는 유일한 수단인 의약품을 개발하기 위해서는 동물실험이 반드시 필요하고 동물실험에는 동물의 생명을 해치는 행위가 항상 수반된다.

ㄷ. 동물실험은 인간과 동물의 신체적 유사성을 근거로 모든 물질은 동물과 인간의 체내에서 유사한 작용을 한다는 가정하에 진행되지만 대부분의 물질은 동물과 인간의 체내에서 각각 다르게 작용한다.

① ㄱ　② ㄴ　③ ㄱ, ㄷ
④ ㄴ, ㄷ　⑤ ㄱ, ㄴ, ㄷ

24. 다음으로부터 추론한 것으로 옳은 것만을 <보기>에서 있는 대로 고른 것은?

후회는 이전에 자신이 내린 결정이 잘못된 것이라고 느끼는 감정이고, 만족은 욕구가 충족되어 모자람이 없는 경우 느끼는 감정이다. 따라서 후회를 느끼면 앞으로 내가 어떤 행동을 해야 할지에 대한 생각을 하게 되는 반면 만족을 느끼면 아무런 생각이 없게 된다. 즉 후회는 “과거에 내가 했던 행동 대신 다른 행동을 했으면 더 좋았을 것이다.” 혹은 “앞으로는 과거의 행동을 교훈 삼아서 다른 행동을 해야겠다.”라는 등의 생각을 들게 하지만 만족은 단순히 좋은 감정을 느낄 뿐 어떤 생각도 들게 하지 않는다.

후회는 어떤 것과 관련하여 자신이 선택할 수 있었던 것들 중에 실제로 자신이 선택한 것보다 좋은 결과를 가져오는 선택이 있는 경우에 느껴진다. 반면 만족은 자신이 원하는 무언가를 이루거나 성취했을 때 느끼는 감정이다. 그리고 모든 사람은 복잡한 인지적 상태를 기피하고 생각은 다양한 경우의 수를 발생시켜서 복잡한 인지적 상태를 만들기 때문에 후회를 기피한다. 이에 따라 사람들은 가급적이면 후회를 덜 할 수 있는 선택을 한다.

한편 사람들은 자신이 보유한 물건의 가치가 추후에 더 높아진다는 기대를 하기 때문에 자신이 소유한 물건이 최대로 가질 수 있는 미래 가치보다 더 낮은 가치로 그 소유를 타인에게 이전하면 후회를 하고, 사람들은 이 같은 후회를 하지 않는 선택을 한다.

<보 기>

ㄱ. X와 관련하여 하나의 선택만 주어진다면 후회는 느껴지지 않는다.

ㄴ. Y와 관련한 선택으로 후회를 느끼지 않았다면 그 선택으로 만족을 느끼게 된다.

ㄷ. 사람들은 1억 원까지 오를 수 있는 토지 Z를 100만 원에 구매한 경우, Z를 1천만 원에 매도할 수 있더라도 Z를 매도하지 않을 것이다.

① ㄱ　② ㄴ　③ ㄱ, ㄷ
④ ㄴ, ㄷ　⑤ ㄱ, ㄴ, ㄷ

25. 다음 논증의 구조를 분석한 것으로 가장 적절한 것은?

> ㉠ 디지털 기술로 만들어진 시청각 자료가 많은 사회일수록 발전 가능성은 작아진다. ㉡ 사회가 발전하기 위해서는 각 구성원이 지속적인 성장을 해야 하지만, 자성이나 성찰이 없는 사람은 성장할 수 없다. ㉢ 그리고 현실감각이 저하되면 자신의 실제 모습을 지각할 수 없게 되고, 자성이나 성찰은 자신의 본모습을 지각했을 경우에만 가능하다. ㉣ 디지털 기술로 만들어진 시청각 자료를 접하는 사람들은 그 자료에 대한 의미를 해독하는 것이 아니라 쾌락을 일으키는 자극의 대상으로 본다. ㉤ 가령 가상현실을 접한 사람은 그 가상현실을 분석하거나 해석하는 것이 아니라 감각을 자극시켜서 쾌락을 느끼는 도구로 사용한다. ㉥ 모든 사람들은 쾌락에 의존하기 때문에 더 많은 쾌락을 가져오는 것들일수록 실재한다고 생각하는 경향이 커진다. ㉦ 실제현실은 고통과 쾌락을 일으키는 요소들이 혼재해 있는 반면 가상현실에는 대부분 쾌락을 일으키는 요소들만 존재한다. ㉧ 결국 시청각 자료를 더 많이 접하는 사람일수록 가상현실과 실제현실을 구분하지 못할 가능성이 높아진다.

①
㉤
↓
㉣+㉥+㉦
↓
㉡+㉢+㉧
↓
㉠

②
㉤+㉣
↓
㉥+㉦
↓
㉡+㉢+㉧
↓
㉠

③
㉤+㉣
↓
㉥+㉦+㉧
↓
㉡+㉢
↓
㉠

④
㉤
↓
㉣+㉥+㉦
↓
㉠+㉡+㉢
↓
㉧

⑤
㉣+㉤+㉥+㉦
↓
㉠+㉡+㉢
↓
㉧

26. 다음 글에 대한 평가로 옳은 것만을 <보기>에서 있는 대로 고른 것은?

> <가설>
>
> 사람들은 동일한 종류의 제품들 중 하나를 구매하는 과정에서 다음과 같은 성향을 가진다.
>
> ○ 사람들은 구매할 수 있는 제품이 세 개 이상 존재하는 경우 그 제품들의 평균 가격과 가장 가까운 제품의 가성비가 제품들 가운데 가장 좋다고 생각한다. 이때 사람들이 생각하는 가성비는 제품의 질을 제품의 가격으로 나눈 값이다.
>
> ○ 사람들은 구매할 수 있는 제품들의 가격이 다른 경우 그 제품들 중 가격이 가장 비싼 제품을 구매할 가능성이 가장 높고, 이와 같은 경향은 해당 제품 중 가장 저렴한 제품의 가격과 가장 비싼 제품의 가격 차이가 클수록 높아진다.
>
> <실험>
>
> 100명의 참여자를 대상으로 아래의 두 가지 상황을 제시하고 각 상황에서 어떤 제품을 구매할지에 대해 묻는다.
>
> (상황 1) 동일한 종류의 제품 A, B, C의 그 가격은 A는 5, B는 7, C는 10이다. ㉠ A와 C 중 한 제품을 구매해야 하거나 ㉡ B와 C 중 한 제품을 구매해야 한다.
>
> (상황 2) 동일한 종류의 제품 D, E, F 중 한 제품을 구매해야 한다.

<보 기>

ㄱ. (상황 1)에서 ㉠의 상황보다 ㉡의 상황일 때 C를 구매하겠다는 참여자가 더 많았다면 <가설>은 약화된다.

ㄴ. 만약 (상황 1)에서 사람들에게 A, B, C 중 한 제품을 구매해야 한다고 제시한 경우 참여자들이 B보다 A의 질이 더 좋다고 생각했다면 <가설>은 약화된다.

ㄷ. (상황 2)에서 모든 참여자들이 각 상품의 질을 D는 4, E는 3, F는 7로 평가하고 E를 구매하겠다고 한 경우 모든 참여자들이 D의 가성비가 가장 낫다고 평가했다면 <가설>은 약화된다.

① ㄱ ② ㄷ ③ ㄱ, ㄴ
④ ㄴ, ㄷ ⑤ ㄱ, ㄴ, ㄷ

27. 다음으로부터 추론한 것으로 옳은 것만을 <보기>에서 있는 대로 고른 것은?

> 오늘날 대부분의 사람들은 각 사회의 구성원들이 모두 그 사회 내에서 추구하는 선을 공통적으로 받아들이고 있다고 생각한다. 그러나 자유주의 체제하의 모든 사람들은 각자 자신의 의지에 따라 선을 선택할 수 있는 권리를 가지기 때문에 자유주의의 이념을 받아들이는 사회에서는 모든 선이 주관적일 수밖에 없다. 이와 같은 이유로 ㉠ <u>일부 사람들</u>은 사회의 구성원들을 규율하는 규범이 서로 경합하는 선의 어느 한쪽이 아니라, 그와 같은 선들을 규율하여 어떤 선이 정당한 것인지 혹은 정당하지 않은 것인지를 판단할 수 있는 정의에 의해서 만들어지며, 이에 따라 정의로운 선만이 사회 구성원들을 규율하는 규범이 될 수 있다고 본다. 즉 이들은 사회 구성원의 가치판단에 따라 각 구성원이 받아들이고 있는 선이 달라지고, 이러한 가치판단은 공통의 기준에 의해 측정될 수 없을 정도로 분화하고 대립하기 때문에 특정 사회의 구성원들의 공동의 선이라는 공통적인 기준이 존재할 수 없고 이에 따라 정의만이 규범을 만드는 기준이 될 수 있다고 본다.
>
> 그러나 모든 사람은 사회 구성원들과의 유기적인 관계를 통해 자신의 가치관을 형성해 나가는 존재이기 때문에 각각의 구성원들이 가지는 가치관은 혼자만의 힘으로 획득하는 것이 아니라 사회 구성원들이 가지는 공통의 가치관에 의해서 만들어진다. 각 구성원이 가지고 있는 선은 그 구성원이 가지는 가치관에 의해서 결정되기 때문에 각 사회의 구성원들은 공동의 선을 공유할 수밖에 없다. 그러므로 사회 구성원들이 공유하는 공동의 선은 그 사회의 구성원을 규율하는 규범이다.

<보 기>

ㄱ. 모든 사람들이 공통적으로 받아들이고 있는 선이 존재한다.

ㄴ. ㉠에 따르면 어떤 사회 구성원이 추구하는 선 중에서 정의에 부합하지 않는 것이 존재할 수도 있다.

ㄷ. 어떤 사회 구성원이 추구하는 공동의 선이 아닌 것은 그 사회의 구성원을 규율하는 규범이 될 수 없다.

① ㄱ ② ㄴ ③ ㄱ, ㄷ
④ ㄴ, ㄷ ⑤ ㄱ, ㄴ, ㄷ

28. 다음 논쟁에 대한 분석으로 옳은 것만을 <보기>에서 있는 대로 고른 것은?

> K국 정부는 상승하는 부동산 가격을 안정시키기 위해 고가 부동산을 소유한 자에게 매년 부동산 시세의 5%에 해당하는 보유세를 부과하는 정책 X를 시행하려고 한다. 이에 대해 다음의 논쟁이 있다.
>
> 갑: 부동산 가격이 상승하는 이유는 부동산을 투기의 수단으로 삼아서 이익을 남기려는 자들이 많아졌기 때문이다. X가 시행되면 과도한 보유세로 인해 부동산을 보유할수록 손해를 보기 때문에 고가 부동산을 소유한 자들은 손해를 최소화하는 선택을 하고 이에 따라 부동산을 매물로 내놓게 되며, 이와 동시에 고가 부동산을 소유하려는 자들도 줄어든다. 이에 따라 고가의 부동산 수요는 감소하여 고가 부동산 가격은 하락한다.
>
> 을: 사람들은 손해가 발생하지 않는 선택을 하기 때문에 고가의 부동산을 소유한 자는 그 부동산의 매입가격 이상으로 매도할 수 없으면 매도하지 않고 보유한다. 따라서 X가 시행되면 고가 부동산의 소유자들은 그 부동산을 매도하는 대신 X로 인해 발생할 수 있는 손해를 보전하기 위해 그 부동산을 임차한 임차인이 지불해야 하는 전세나 월세 즉 임대료를 높인다. 임대료는 부동산 가격을 초과할 수 없으므로 결국 X의 시행은 부동산 가격의 상승으로 이어진다.
>
> 병: 부동산 임대료가 높을수록 부동산을 임차하려는 자들은 줄어들고, 부동산을 임대하려는 자들이 많을수록 부동산 임대료는 낮아진다. 따라서 X가 시행되는 초기에는 고가 부동산 임대료가 높아지고, 고가 부동산의 임대료가 높아질수록 고가 부동산을 임차하려는 사람들도 줄어들 것이며, 이는 임대되지 않은 부동산의 증가를 불러와서 부동산을 임대하려는 자들을 증가시킨다.
>
> 을: X의 시행으로 인해 고가의 부동산을 매입하려던 사람들은 고액의 보유세를 납부해야 하는 고가 부동산 대신 중저가 부동산을 구매한다. 그리고 이는 중저가 부동산의 수요를 증가시키게 되고, 결국 K국의 부동산 전체에 대한 가격 상승을 불러온다.

<보 기>

ㄱ. 병은 X의 시행으로 인해 종국에는 고가 부동산의 임대료가 상승할 것이라고 본다.

ㄴ. X가 시행되면 고가 부동산 거래량이 감소한다는 주장은 갑을 약화하고 을을 강화한다.

ㄷ. 고가 부동산을 소유한 자들은 손해가 발생하지 않는 선택을 한다는 주장에 을은 동의하지만 갑은 동의하지 않는다.

① ㄱ ② ㄷ ③ ㄱ, ㄴ
④ ㄴ, ㄷ ⑤ ㄱ, ㄴ, ㄷ

29. 다음 <논쟁>에 대한 분석으로 옳은 것만을 <보기>에서 있는 대로 고른 것은?

K국에서는 정부가 근로자들의 생활 안정을 위해 임금의 최저 수준을 정하고 고용인에게 그 수준 이상의 임금을 지급하도록 법으로 강제하는 최저임금제도를 시행하고 있다. K국 정부는 근로자들의 생활 안정을 위해 이 같은 최저임금을 현재보다 50% 인상하는 정책 X를 시행하려고 한다. 이 정책에 대한 다음의 논쟁이 있다.

<논쟁>

갑: X로 인해 최소 300만 명 이상의 저소득층 근로자의 임금이 증가함에 따라 저소득층의 평균 수익이 증가할 거야. 그러므로 X가 시행되면 빈부격차가 줄어들고 저소득층의 삶의 질은 높아지지.

을: 물론 최저임금이 높아지면 일부 저소득층의 수익은 증가하겠지. 하지만 10인 미만의 사업장을 운영하는 고용주들은 높아진 임금을 감당하지 못해서 고용된 근로자의 일부를 해고하게 되고, 더 나아가 사업장을 폐쇄해 버리는 사태가 발생하는 빈도가 높아지게 돼. 이에 따라 저소득층의 평균 소득은 오히려 감소하지.

병: 10인 미만의 사업장은 대부분 영세하기 때문에 높아진 임금을 감당할 수 없는 것은 사실이야. 그렇기 때문에 정부는 이 같은 사업장에 종사하는 근로자의 임금 중 X에 따라 추가로 지급되어야 할 금액을 지원해 줘야 하지. 이 경우 정부가 X를 시행하더라도 근로자 수의 감소는 일어나지 않아.

을: 만약 정부가 X를 시행함과 동시에 X에 따라 상승된 임금을 근로자에게 모두 지급한다면 그 예산은 30조 원 이상이 될 것으로 예상돼. 그런데 이 같은 규모의 재정이 지출되면 국민들의 세수 부담으로 인해 소비가 감소되므로 수많은 사업장의 폐쇄로 이어지고, 특히 폐쇄되는 비율은 10인 미만의 사업장이 가장 클 거야. 이는 결국 X만을 시행했을 때보다 더 많은 근로자 수의 감소를 가져오지.

<보 기>

ㄱ. 을은 병이 제시한 "X의 단점을 보완하는 정책"의 효과를 부정한다.

ㄴ. 현재 대부분의 사업장이 X에 따른 최저임금보다 더 많은 금액을 근로자의 임금으로 지불하고 있다면 갑의 주장은 약화된다.

ㄷ. X가 시행된 후 조사한 결과 10인 미만의 사업장에 근무하는 근로자들의 평균 임금은 X가 시행되기 전보다 높아졌다면 을의 주장은 약화된다.

① ㄱ ② ㄷ ③ ㄱ, ㄴ
④ ㄴ, ㄷ ⑤ ㄱ, ㄴ, ㄷ

30. 다음 글에 대한 분석으로 옳은 것만을 <보기>에서 있는 대로 고른 것은?

소득효과란 실질소득은 증가하지 않은 상태에서 어떤 재화의 가격변화로 그 재화에 대한 수요가 변하는 정도를 의미한다. 예를 들어 쌀의 가격이 하락하면 소비자는 쌀의 가격이 하락하기 전보다 적은 양의 돈으로도 더 많은 양의 쌀을 구매할 수 있다. 이 경우 소비자의 실질소득은 증가하지 않았지만, 결과적으로 실질소득이 증가한 것과 같은 효과를 가져온다. 소득효과로 인한 재화의 수요는 그 재화의 가격과 반비례한다. 반면 대체효과란 대체관계에 있는 두 재화 중 어느 한 재화의 상대가격 변화가 각 재화의 수요 변화에 영향을 미치는 경우 그 효과를 말한다. 대체관계란 두 재화가 비슷한 유용성을 가지고 있어 서로 대체할 수 있는 관계를 말한다. 예를 들어 쌀과 밀이 대체관계에 있는 경우 쌀값이 떨어지면 쌀을 더 소비하는 편이 유리해짐에 따라 밀의 수요가 줄고 쌀의 수요가 그만큼 증가한다. 대체효과에서 대체관계에 있는 두 재화의 가격 차이와 수요는 두 재화 중 가격이 더 높은 재화의 경우 반비례하고, 가격이 더 낮은 재화의 경우 비례한다.

한편 재화는 실질소득에 어떠한 반응을 하는지에 따라 정상재와 열등재로 구분된다. 정상재란 실질소득과 그 수요가 비례 관계에 있는 재화를 의미하지만, 열등재는 실질소득과 그 수요가 반비례 관계에 있는 재화를 의미한다. 예를 들어 실질소득이 증가하면 사람들은 가격이 저렴한 돼지고기보다는 가격이 높은 소고기를 구매하므로 실질소득이 증가하면 소고기의 수요는 증가하고 돼지고기의 수요는 감소한다. 이 경우 소고기는 정상재, 돼지고기는 열등재가 된다.

<보 기>

ㄱ. 실질소득이 증가하면 모든 재화의 수요를 합한 총수요는 증가한다.

ㄴ. 재화 X에 소득효과만 나타난다면 X의 가격이 높아질수록 X의 수요는 감소한다.

ㄷ. 다른 모든 조건이 동일한 경우, 재화 Y에 대체효과만 나타난다면 Y의 가격이 낮아질수록 Y의 수요는 증가한다.

① ㄱ ② ㄴ ③ ㄱ, ㄷ
④ ㄴ, ㄷ ⑤ ㄱ, ㄴ, ㄷ

31. 다음으로부터 추론한 것으로 옳은 것은?(단, 물가상승률에 따른 현금 가치의 변화는 고려하지 않는다.)

X국 정부는 소득이 없는 노후의 안정된 생활을 보장하기 위해 1980년부터 국민연금공단(이하 '공단')이 60세 이하의 X국 국민들에게 매년 소득의 10%를 연금 보험료(이하 '보험료')로 받아서 기금을 만들고, 65세 이상의 X국 국민들에게 매달 일정 금액의 연금을 기금에서 지급하는 국민연금제도(이하 '국민연금')를 시행하고 있다. 이때 공단이 국민에게 매달 지급하는 연금은 그 국민이 납부한 보험료의 총액에 연금조정값 P를 곱한 금액이고 연금은 사망할 때까지 지급된다.

그런데 최근 이 같은 국민연금에 반대하는 사람들이 증가하고 있는데 그 이유는 현재와 같은 추세대로라면 2055년에는 기금이 거의 없어져서 현재 30대 초반 이하의 국민은 65세가 되어도 매달 지급받는 연금이 지금보다 훨씬 낮아지기 때문이다. 전문가들의 조사에 따르면 이 원인은 X국 국민의 수명과 출생률에 의해서 발생한다.

이 조사에 따르면 1인당 납부하는 평균 보험료는 지금까지 유사했고, 앞으로도 유사할 것으로 예상되지만 수명이 증가하고, P가 [㉠] 됨으로 인해 2010년부터는 이전과는 달리 ㉡ 공단이 국민으로부터 받고 있는 총보험료와 ㉢ 기금에서 지급되는 총연금에 차이가 발생하였다. 그리고 이 같은 차이는 [㉣] 에 지급되는 연금을 뒷세대가 낸 보험료로 충당하는 구조가 되는 원인이 되었고, 여기에 출산율의 감소로 인해 기금의 고갈이 가속되어 결국에는 2055년에 기금이 거의 없어진다는 것이다.

① ㉡이 ㉢보다 크고, ㉠은 고정, ㉣은 앞세대이다.
② ㉡이 ㉢보다 크고, ㉠은 증가, ㉣은 앞세대이다.
③ ㉢이 ㉡보다 크고, ㉠은 고정, ㉣은 앞세대이다.
④ ㉢이 ㉡보다 크고, ㉠은 감소, ㉣은 뒷세대이다.
⑤ ㉢이 ㉡보다 크고, ㉠은 고정, ㉣은 뒷세대이다.

32. 다음 글에 대한 분석으로 옳은 것만을 <보기>에서 있는 대로 고른 것은?

인간의 뇌는 각 부위별로 담당하는 역할이 다르다. 뇌의 A 부분(이하 'A')은 자신이 섭취한 음식이 실제로 맛있다고 느껴질 때만 활성화되는 반면 뇌의 B 부분(이하 'B')은 학습과 관련된 기관으로써 자신이 평소 맛있다고 생각하는 음식을 섭취했다고 생각할 때만 활성화된다. 이와 관련하여 다음 가설이 있다.

<가설>

사람들은 서로 다른 맛을 가진 두 가지 음식을 섭취한 후 그중 선호하는 한 가지 음식을 선택하는 경우 두 맛의 차이가 확실하기 때문에 사람들은 자신이 실제로 맛있다고 느껴지는 음식을 선택하고, 선택하지 않은 나머지 하나의 음식은 맛이 없다고 느끼게 된다. 반면 맛이 유사한 두 음식을 섭취한 후 그중 선호하는 한 가지 음식을 선택하는 경우 그 두 음식의 상표 또는 한 음식의 상표가 제시되면 유명한 상표의 음식이 평소에 더 맛있다고 생각하므로 해당 음식을 맛있다고 생각한다. 반면 상표가 제시되지 않으면 실제로 자신이 맛있다고 느껴지는 음식을 맛있다고 생각한다.

<사례>

상표가 각각 X, Y, Z인 세 가지 음료 중 X와 Y는 맛이 유사하고, X와 Z는 맛이 다르다. 그리고 X와 Z는 Y보다 유명하다.

(가) 사람들에게 X와 Z를 섭취하게 한 후 어느 쪽이 더 맛있는지 물었다.

(나) ㉠ 사람들에게 상표를 알 수 없도록 어떠한 정보도 없는 두 개의 잔에 각각 담긴 X와 Y를 섭취하도록 하고, ㉡ 이후 추가로 상표를 알 수 있도록 상표가 표시된 두 개의 잔에 각각 담긴 X와 Y를 섭취하도록 한 후 X와 Y 중 어떤 것이 더 맛있는지 물었다.

(다) 사람들에게 두 개의 잔에 무작위로 X와 Y 중 하나를 넣은 후 하나의 잔에만 X나 Y 중 하나의 상표만 붙이고 다른 하나의 잔에는 아무것도 붙이지 않은 두 개의 잔에 든 음료를 마신 후 어느 잔에 들어 있는 음료가 더 맛있는지 물었다. 이때 X와 Y가 붙여진 잔의 개수는 동일하다.

<보 기>

ㄱ. (가)에서 X가 맛있다고 한 사람들은 Z를 섭취할 때 A가 활성화되지 않는다.

ㄴ. (나)의 ㉠에서 X가 맛이 없다고 느낀 사람들은 ㉡에서 X를 섭취할 때 A와 B 중 B만 활성화된다.

ㄷ. (다)에서는 X를 붙인 잔보다 Y를 붙인 잔의 음료가 맛있다고 생각하는 사람의 비율이 더 높다.

① ㄱ ② ㄷ ③ ㄱ, ㄴ
④ ㄴ, ㄷ ⑤ ㄱ, ㄴ, ㄷ

33. 다음으로부터 추론한 것으로 옳은 것만을 <보기>에서 있는 대로 고른 것은?

A, B, C, D, E, F, G, H의 8명이 X조와 Y조로 나누어서 조별과제를 수행한 후 이들 각자가 거둔 성과를 기준으로 5점, 4점, 3점, 2점, 1점의 성과점수를 각각 부여하기로 하였고, 그 결과 중 일부는 다음과 같았다.

○ 동일한 조에 속한 사람들의 성과점수는 모두 달랐다.
○ A와 B는 F와 G보다 성과점수가 더 높다.
○ C와 H의 성과점수 합은 5이다.
○ C와 E는 성과점수가 동일하다.
○ A, B, C, D는 X조에 속하고 E, F, G, H는 Y조에 속한다.

<보 기>

ㄱ. C의 성과점수는 2점이다.
ㄴ. A와 B의 성과점수의 합은 9이다.
ㄷ. D는 F나 G와 성과점수가 동일하다.

① ㄱ ② ㄷ ③ ㄱ, ㄴ
④ ㄴ, ㄷ ⑤ ㄱ, ㄴ, ㄷ

34. 다음으로부터 추론한 것으로 옳은 것만을 <보기>에서 있는 대로 고른 것은?

아래와 같이 1부터 5까지의 숫자가 적힌 카드를 갑, 을, 병, 정이 각각 한 장씩 나눠 가졌다.

1	2	3	4	5

다음 진술 중 세 개는 참이고 한 개는 거짓이다.

갑: 내 카드에 적힌 숫자는 병의 카드에 적힌 숫자보다 작다.
을: 정의 카드에 적힌 숫자는 내 카드에 적힌 숫자보다 2가 더 작다.
병: 을의 카드에는 3이나 4가 적혀 있다.
정: 3이 적힌 카드를 뽑은 사람은 없으며, 갑의 카드에는 4가 적혀 있다.

<보 기>

ㄱ. 갑의 카드에 적혀 있는 숫자는 5가 아니다.
ㄴ. 병의 카드에 4가 적혀 있다면 갑의 카드에는 2가 적혀 있다.
ㄷ. 정의 카드에 2가 적혀 있다면 병의 카드에는 5가 적혀 있다.

① ㄱ ② ㄷ ③ ㄱ, ㄴ
④ ㄴ, ㄷ ⑤ ㄱ, ㄴ, ㄷ

35. 다음으로부터 추론한 것으로 옳은 것만을 <보기>에서 있는 대로 고른 것은?

아래의 그림과 같이 3층의 건물에 A, B, C, D, E, F, G, H, I의 사무실이 있다. 갑, 을, 병, 정 무는 각각 이들 사무실 중 하나를 소유하고 있다. 이와 관련하여 다음의 정보가 알려졌다.(단, 동일한 층에서 바로 옆에 있는 사무실은 서로 인접한다. 예를 들어 A와 B는 서로 인접한다.)

○ 한 개의 사무실을 둘 이상이 소유하지 않는다.
○ 갑과 을의 사무실은 1층에 없다.
○ 병과 정의 사무실과 인접한 사무실을 소유한 사람은 없다.
○ 무의 사무실 바로 아래층에는 갑의 사무실이 있다.

A	B	C	3층
D	E	F	2층
G	H	I	1층

<보 기>

ㄱ. 무는 2층의 사무실을 소유할 수 없다.
ㄴ. H의 소유자가 있다면 I의 소유자는 없다.
ㄷ. 병의 사무실이 2층에 있다면 정의 사무실은 1층에 있다.

① ㄱ ② ㄷ ③ ㄱ, ㄴ
④ ㄴ, ㄷ ⑤ ㄱ, ㄴ, ㄷ

36. 다음으로부터 추론한 것으로 옳은 것만을 <보기>에서 있는 대로 고른 것은?

S종 세균은 다른 세균들보다 배양액을 이용해서 생체 에너지를 생산하는 능력이 매우 뛰어나기 때문에 S를 배양액 속에 넣으면 단위 시간당 10의 생체 에너지를 생산한다. 그리고 S는 생산한 생체 에너지를 개체증식과 다른 개체를 사멸하는 독소 T, T를 해독하는 해독제 D를 각각 생산하는 데만 사용한다. T의 생산에는 3의 생체 에너지가 사용되고, D의 생산에는 4의 생체 에너지가 사용된다. 그리고 T와 D를 생산하는 데 사용한 생체 에너지 이외에는 모두 개체증식에 사용하고, 개체증식에 사용되는 에너지의 양이 많을수록 개체증식 속도가 빨라진다.

S는 그 특징에 따라 S1, S2, S3의 3종류로 구분된다. 이 중 S1은 D와 T를 모두 생산하지 않고, S2는 D와 T를 모두 생산하며, S3는 T를 생산하지 않지만 D를 생산한다. 그런데 T에 노출된 S는 사멸되기 때문에 T에 대한 해독제 D를 생산하지 못하는 S는 S2와 같은 배양액 속에 들어가면 증식하지 못하고 사멸한다. 반면 D를 가지고 있는 S는 T에 노출되어도 곧바로 해독할 수 있기 때문에 T에 아무런 영향도 받지 않는다.(단, S는 T 이외의 요인으로는 사멸하지 않는다.)

<실험>

(1) S1과 S2를 같은 배양액에 넣었다.
(2) S1과 S3를 같은 배양액에 넣었다.
(3) S1, S2, S3를 같은 배양액에 넣었다.

<보 기>

ㄱ. (1)에서는 S1보다 S2의 증식속도가 더 빠를 것이다.
ㄴ. (2)에서는 S3보다 S1의 증식속도가 더 빠를 것이다.
ㄷ. (3)에서는 S1, S2, S3 중 S3의 증식속도가 가장 빠를 것이다.

① ㄱ ② ㄷ ③ ㄱ, ㄴ
④ ㄴ, ㄷ ⑤ ㄱ, ㄴ, ㄷ

37. 다음 글에 대한 분석으로 옳은 것만을 <보기>에서 있는 대로 고른 것은?

> 생쥐의 면역반응을 일으키는 세포 중에는 백혈구와 T세포가 있는데, 수컷 생쥐의 생식기에서 생산되는 성호르몬 P는 이 같은 백혈구와 T세포 중 어느 하나의 생산량을 증가시키고, 다른 하나의 생산량을 감소시킨다. 생쥐의 백혈구와 T세포와 같은 면역세포가 많아질수록 면역반응이 활발하게 이루어지므로 생쥐의 체내로 유입되는 세균이나 바이러스와 같은 항원에 의한 질환에 걸릴 가능성은 낮아지지만 면역세포가 일정 수준 이상 많아지면 면역세포가 생쥐의 신체를 공격하는 자가면역 질환에 걸릴 가능성이 높아진다. 반면 면역세포가 적은 생쥐일수록 면역반응이 약해지기 때문에 외부로부터 유입되는 항원에 의해 질환에 걸릴 가능성이 높아진다.
>
> 한편 K연구팀은 P가 생쥐의 체내에서 기능 X와 Y를 가지며 두 기능 중 어느 하나는 백혈구를 증가 또는 감소시키고, 나머지 하나는 T세포를 증가 또는 감소시키는 역할을 한다는 사실을 알아냈다. 연구팀은 이를 통해 ㉠ X와 Y 중 일부 어느 하나에 의해 백혈구나 T세포 중 어느 하나의 생산량이 증가되고 그로 인해 생쥐에서 질병 S가 유발될 가능성이 높아진다는 가설을 제시하였다. 이를 검증하기 위해 다음의 <실험>을 진행하였다.
>
> **<실험>**
>
> P의 기능 X와 Y 중 X만 제거한 생쥐를 그룹 A, X와 Y 중 Y만 제거한 생쥐를 그룹 B, P가 정상인 생쥐를 그룹 C, P를 생산하는 생식기를 제거한 생쥐를 그룹 D로 각각 분류한 다음 이들의 체내에 백혈구와 T세포의 생산량 및 S에 걸릴 가능성을 비교하였다. 그 결과 A에 속한 생쥐는 C에 속한 생쥐, B에 속한 생쥐는 D에 속한 생쥐와 각각 백혈구의 양이 비슷했지만 C에 속한 생쥐는 D에 속한 생쥐보다 백혈구가 더 많았다. 그리고 A에 속한 생쥐는 D에 속한 생쥐, B에 속한 생쥐는 C에 속한 생쥐와 각각 T세포의 양이 비슷했지만, A에 속한 생쥐는 B에 속한 생쥐보다 T세포가 더 많았다.

<보 기>

ㄱ. P는 백혈구 수치를 증가시킨다.

ㄴ. X는 T세포를 감소시키는 기능을 한다.

ㄷ. A에 속한 생쥐보다 B에 속한 생쥐가 S에 걸릴 가능성이 더 높았다면 ㉠은 약화된다.

① ㄱ ② ㄷ ③ ㄱ, ㄴ
④ ㄴ, ㄷ ⑤ ㄱ, ㄴ, ㄷ

38. 다음 글에 대한 평가로 적절한 것만을 <보기>에서 있는 대로 고른 것은?

> 생물학자 갑은 ㉠ 대기 중 산소 농도와 지구상에 존재하거나 존재했던 동물들의 크기와 관련한 다음의 가설을 제시하였다.
>
> 일부 미생물을 제외한 지구상의 모든 생명체는 산소를 통해서 생명 활동에 필요한 에너지를 생산하기 때문에 호흡을 통해 더 많은 산소를 흡수할수록 더욱 큰 몸집을 유지할 수 있다. 포식자의 경우 몸집이 더 커질수록 경쟁 관계에 있는 개체와의 먹이 경쟁에서 이길 가능성이 높기 때문에 가급적 몸집을 키우는 방향으로 진화를 했고, 그러한 경향은 먹이사슬의 정점과 가까운 위치에 있는 개체일수록 컸다. 모든 조건이 동일하면 대기 중 산소 농도가 높아질수록 더 많은 산소를 흡수할 수 있다. 그러므로 5억 년 전 세균들이 내뿜는 산소에 의해 지구의 대기 중 산소 농도가 현재보다 10%p 더 높았던 때에는 대부분의 동물들의 몸집이 지금보다 컸지만 특히 포유류 조상의 몸집은 그 어떤 동물들보다 컸다.
>
> 하지만 4억 년 전 대서양에서 폭발한 화산으로 인해 대기 중 산소 농도가 5억 년 전보다 25%p 더 낮은 5%가 되자 대부분의 동물들은 생존을 위해 몸집을 줄이는 방향으로 진화했다. 특히 파충류는 진화를 통해 기존의 호흡기관을 버리고 기낭이라는 새로운 호흡기관을 가지게 되었고, 이로 인해 다른 동물보다 몸집을 덜 줄일 수 있었다. 대기 중 산소 농도가 점차 회복되어 2억 년 전에는 15%대까지 회복되자 이 시기의 모든 동물들은 진화를 통해 몸집을 키웠다. 그리고 횡경막과 같은 호흡기관보다 더 효율적으로 산소를 흡수할 수 있는 기낭을 가진 파충류는 다른 동물보다 몸집이 더 거대해지게 되었다.

<보 기>

ㄱ. 2억 년 전보다 현재 동물의 몸집이 평균적으로 더 작았다면 ㉠은 강화된다.

ㄴ. 5억 년 전 포유류의 조상이 파충류보다 먹이사슬의 정점에서 더 멀었다면 ㉠은 강화된다.

ㄷ. 다른 모든 조건이 동일한 경우 횡경막을 가진 동물보다 기낭을 가진 동물이 몸집을 더 크게 키울 수 있다면 ㉠은 강화된다.

① ㄱ ② ㄷ ③ ㄱ, ㄴ
④ ㄴ, ㄷ ⑤ ㄱ, ㄴ, ㄷ

39. 다음으로부터 추론한 것으로 옳은 것만을 <보기>에서 있는 대로 고른 것은?

세균은 크게 개체의 생존에 산소를 필요로 하는지 여부에 따라 산소가 있는 곳에서만 생존이 가능한 호기성 세균과 산소가 없는 곳에서도 생존할 수 있는 혐기성 세균으로 분류할 수 있다. 그리고 호기성 세균은 다시 산소농도가 2~10%인 곳에서만 생존할 수 있는 X형 호기성 세균과, 산소농도가 1~20% 이하인 곳에서만 생존할 수 있는 Y형 호기성 세균이 있다. 그리고 혐기성 세균은 산소가 있는 곳에서도 생존할 수 있는지 여부에 따라 산소가 있는 곳에서도 생존할 수 있는 통성 혐기성 세균과 산소가 없는 곳에서만 생존할 수 있는 편성 혐기성 세균으로 분류된다. 또한 세균은 그람염색법에 따라 그람양성균과 그람음성균으로 분류되기도 한다. 그람양성균은 펩티도글리칸으로 이루어진 그물망 형태의 두꺼운 세포벽을 가지고 있으므로 그람염색을 했을 때 보라색이 되는 반면, 그람음성균은 얇은 세포벽을 가지고 있기 때문에 그람염색을 했을 때 붉은색이 된다. 한편 4종의 세균 A, B, C, D의 특성을 알아보기 위해 다음의 실험을 진행하였다.

<실험>

실험에는 1번~3번까지 총 3개의 시험관이 사용되었고, 시험관의 산소 농도는 1번은 0%, 2번은 7%, 3번은 19%였다. 1번 시험관에는 A, B, C, D를 넣었고, 2번 시험관에는 B, C, D를 넣었으며 3번 시험관에는 A와 B를 넣었다. 이후 각 시험관에서 생존한 세균을 관찰하였다. 그 결과 1번 시험관에서는 B와 D, 2번 시험관에서는 B와 C만 각각 생존하였으며, 3번 시험관에서는 A와 B가 모두 생존하였다. 한편 A, B, C, D 중 혐기성 세균은 모두 그람음성균인 것으로 나타났다.(단, 세균의 생존 여부는 산소의 농도 및 산소의 유무에 의해서만 결정된다.)

<보 기>

ㄱ. A는 Y형 호기성 세균이다.
ㄴ. C는 X형 호기성 세균이다.
ㄷ. D를 그람염색하는 경우 붉은 색이 된다.

① ㄱ ② ㄴ ③ ㄱ, ㄷ
④ ㄴ, ㄷ ⑤ ㄱ, ㄴ, ㄷ

40. 다음으로부터 추론한 것으로 옳은 것만을 <보기>에서 있는 대로 고른 것은?

중력장이란 중력이 미치는 공간으로서 이 공간을 이루는 최소단위의 입자는 중력자이다. 중력자는 질량을 가진 두 입자 또는 두 물체가 서로 끌어당기는 힘인 인력을 발생시키는 역할을 한다. 가령 태양은 태양계 전체에 중력자를 방출함으로써 이 영역에 중력장을 형성하고, 지구와 달을 포함한 태양계 내부의 모든 천체들은 태양이 형성한 중력장 안에 위치하므로 각각의 천체들과 태양 사이에는 인력이 작용하고 이에 따라 태양계 내부의 천체들은 궤도를 이탈하지 않고 태양 주위를 공전할 수 있게 된다.

전기장은 전기가 미치는 공간으로서 이 공간을 이루는 최소 단위의 입자는 광자이다. 양전하나 음전하를 가진 입자인 하전입자는 모두 일정 범위 내에 전기장을 형성하는데 이 전기장 내에 다른 하전입자가 들어오면 두 하전입자가 서로 광자를 교환하면서 두 입자 사이에서 전기력이 발생한다. 이때 두 입자의 전하가 다르면 전기력은 인력의 형태로 발생하고, 동일하면 전기력은 서로 밀어내는 힘인 척력의 형태로 발생한다. 예를 들어 음전하가 형성한 전기장에 음전하가 들어오면 두 하전입자 사이에는 척력이 발생하고, 양전하가 들어오면 인력이 발생한다.

이처럼 중력장이나 전기장을 이루는 최소 입자를 매개입자라고 하는데, 이 같은 입자는 중력이나 전기력 같은 힘을 직접 전달하는 것이 아니라, 매개입자를 받는 측에 어떤 반응을 보여야 할지를 알려주는 일종의 전령 역할을 한다. 예를 들어 음전하와 양전하는 각각 광자를 방출시키면서 전기장을 형성하고, 음전하로부터 방출된 광자는 양전하, 양전하로부터 방출된 광자는 음전하에 각각 도착하여 어디로 움직일지에 대한 정보를 알려주면 이 정보에 따라 두 하전입자가 움직인다. 한편 이 같은 매개입자들도 빛의 속도를 초과할 수 없기 때문에 유한한 속도를 가진다.

<보 기>

ㄱ. 만약 태양이 사라진다면 태양계 천체들은 태양이 사라지는 것과 동시에 궤도를 이탈한다.
ㄴ. 어떤 하전입자로부터 방출되는 광자가 분포하는 범위가 넓을수록 그 하전입자가 형성하는 전기장의 범위도 넓어진다.
ㄷ. 두 물체 사이에 발생하는 중력은 각 물체로부터 방출된 중력자가 다른 물체에 도달하여 직접 힘을 가하는 형태로 나타난다.

① ㄱ ② ㄴ ③ ㄱ, ㄷ
④ ㄴ, ㄷ ⑤ ㄱ, ㄴ, ㄷ

* 확인사항
○ 문제지와 답안지의 해당란에 필요한 내용을 정확하게 표기했는지 확인하십시오

LEET의 기준
'본시험'에 강한 법률저널 LEET

내 시험장서 보는
'실전연습'의 정석

더욱 치열해진 LEET 경쟁률
'실전'에 강한 법률저널 LEET가 답

Your Path to LEET Success!

2025학년도 법률저널
LEET 전국모의고사

2025학년도 법률저널 LEET 신청 BIG EVENT

1. 10세트 패키지 파격할인

10세트 패키지 신청 시,
10세트 ~~800,000원~~ → **560,000원**(10세트 패키지 30%↓)
* 10세트 일괄 신청해야 하며, 논술(2만원)은 할인 제외

신청 기한 : 2024. 3. 16.(토) 자정까지

※ 회당 응시료 80,000원(온·오프 동일)/ 제10회 100,000원(논술 포함)
(고물가시대에도 응시자 부담 최소화하기 위해 응시료 동결)

2. 최근 10년치(2015~2024) 기출문제 접지형 시험지 증정

- 제1회 응시자 전원에게 '최근 10년치(2015~2024) 기출문제 접지형 시험지' 증정
* 현장 응시자는 현장서 수령, 온라인 응시자는 택배 배송
* 취소할 경우 시험지값(3만원) 공제 후 환불/수령 후 반품 불가

- 현장 응시자 중 200명 '책상 컵홀더 거치대' 증정(선착순 결제자 순)
* 취소할 경우 컵홀더 거치대값(7천원) 공제 후 환불/수령 후 반품 불가

3. 7세트 패키지 응시료 할인

7세트 일괄 신청 시,
7세트 ~~560,000원~~ → **448,000원**(7세트 패키지 20%↓)
* 10회 포함할 경우, 논술 응시료(2만원) 추가됨

신청 기한 : 2024. 5. 11.(토) 자정까지

4. 장학금 회차 패키지 신청 이벤트

제6회~제10회(장학생 선발 회차) 일괄 신청 시,
~~420,000원~~ → **380,000원**(장학금 회차 10%↓)
* 논술은 할인 적용 제외

신청 기한 : 2024. 6. 1.(토) 자정까지

5. 대학 단체 접수 시 응시료 할인

- 응시료 할인은 참여 대학과 협의 후 결정
- 대학 단체는 별도 접수페이지를 통해 접수함
- 대학 단체는 재학생 확인함(학생증JPG(JEPG) 파일(파일용량500kbytes 이하)로 등록)
- 학생증 스캔한 파일은 이름, 학생증 번호, 대학명은 노출하되 얼굴은 가려도 됨

6. 유관 기관장상 수여

- 장학금 회차 모두 응시한 자 중 성적 우수자 중에서 선발
- 장학금 회차 모두 현장 응시자 대상
- 성적 우수자 중 법률저널에서 심사해 3명을 선발
- 장학금은 법률저널에서 지급

7. 격려장학금 500만 원 쏜다!

- 매회 성적순(표준점수)으로 5명(현장 4명, 온라인 1명) 선발
- 격려장학금은 중복 수상 제한 없음(매회 수상 가능)
- 면학 및 성적우수 장학금 수상에도 제한 없음
- 동점자가 선발인원 초과 시 추리-언어 표준점수순으로 선발
- 격려장학금은 매회 각각 100,000원 지급
- 성적 발표 후 개별 통지, 계좌로 입금(제세공과금 법률저널 부담)

※ 격려장학금은 '법조공익재단법인' 사랑샘에서 후원함.
※ 법조공익재단법인 사랑샘의 격려장학금은 젊은이들이 국가의 동량지재로 성장하여 세계시민으로서 공공선을 행하고, '나'보다 '이웃'을 먼저 생각하는 노블레스 오블리주를 실천하는 지도자가 되길 바라는 취지임.

■ 격려장학금 총 5,000,000원

구분	선발인원		시상내용	비고
법조공익재단법인 사랑샘	매회 5명 선발	현장 4명	각 10만원	총 50명 선발 5,000,000원
		온라인 1명		

8. 총 25,000,000원 장학금 수여!

- 면학 장학금 10,000,000원(8명)
- 성적 우수 장학금 15,000,000원(18명)

* 중복 수상일 때 수상자에게 유리한 상 적용
* 면학 및 성적우수, 유관기관장 장학생 선발은 제6~제10회 모두 현장 응시한 시험(논술 제외)의 표준점수 성적으로 산정함. 단, 면학 장학생도 성적이 상위 30%의 이내에 들어야 함.
* 모든 장학금 수상자는 로스쿨 최종 합격하면 반드시 합격수기를 제출해야 하며, 이에 동의한 것으로 간주됨.

구분	선발인원	시상내용	
법조공익재단법인 면학 장학생	사랑샘 미래상(1명)	200만 원	총 장학금 25,000,000원
	사랑샘 희망상(2명)	각 150만 원	
	사랑샘 인재상(5명)	각 100만 원	
유관기관장 상	최우수상(1명)	200만 원	
	우수상(2명)	각 150만 원	
법률저널 성적 장학생	인재상(5명)	각 100만 원	
	이룸상(10명)	각 50만 원	

9. 온라인 신청자에게 문제지 무료 배송

- 온라인 응시자에게 문제지 무료 배송 서비스
- 택배 발송 시 문제지+해설지+OMR답안지 구성
- 시험 종료 후 매주 월요일 발송
- 온라인 응시는 모니터상에서 풀고 정답 제출해야 함
- 온라인 응시는 문제지 및 해설지 다운로드 및 프린터 불가 유의
- 문제지 배송 신청은 네이버 카페(https://cafe.naver.com/lecleet)

법률저널 베스트셀러 시리즈

논리개념매뉴얼 5.5 (상·하 2권 세트) 이해황 편저
강화약화매뉴얼 5.0 이해황 편저
LEET 8개년 기출백서 (언어이해·추리논증) 여성곤, 송형근 저
THE 300제 언어이해 여성곤·송형근 편저
THE 400제 추리논증 여성곤 편저
THE 200제 추리논증 여성곤 편저

2025학년도 LEET 실전 전국모의고사 일정

회차	일정	접수	비고
제1회 GOAT LEET	2024.3.17.(일)	2024.2.27.(화) ~2024.3.16.(토)	**온·오프 동시 시행** * 지방 시험장 제6회부터 운영 - 부산, 대구, 대전, 광주 * 시험장소 추후 공지 GOAT LEET(Greatest of All Time)는 문제은행서 엄선한 최고의 문제로 진행함. 'LEETBoost'는 LEET에 대한 완벽한 이해와 준비를 지향하고, LEET 시험에서 최고의 성적을 얻을 수 있도록 지원하기 위한 일종의 'LEET Mastery Series'임.
제2회 GOAT LEET	2024.4.21.(일)	2024.2.27.(화) ~2024.4.20.(토)	
제3회 GOAT LEET	2024.5.5.(일)	2024.2.27.(화) ~2024.5.4.(토)	
제4회 LEETBoost	2024.5.12.(일)	2024.2.27.(화) ~2024.5.12.(토)	
제5회 LEETBoost	2024.5.19.(일)	2024.2.27.(화) ~2024.5.18.(토)	
본고사 원서접수	2024.5.27.(월)~6.5.(수)		내가 원하는 시험장 선택 (접수시 법률저널 LEET 시험장 선택)
제6회 LEETBoost	2024.6.2.(일)	2024.2.27.(화) ~2024.6.1.(토)	
제7회 LEETBoost	2024.6.16.(일)	2024.2.27.(화) ~2024.6.15.(토)	
제8회 LEETBoost	2024.6.30.(일)	2024.2.27.(화) ~2024.6.29.(토)	
본시험 수험표 교부	2024.7.2.(화)~7.21.(일)		법학적성시험 접수페이지
제9회 LEETBoost	2024.7.7.(일)	2024.2.27.(화) ~2024.7.6.(토)	
제10회 LEETBoost	2024.7.14.(일)	2024.2.27.(화) ~2024.7.13.(토)	
본고사 시험일	2024.7.21.(일)		서울 등 9개 시험지구서 시행

시험시간 및 시험과목

구분	시험시간	문항 수	비고
수험생 입실완료	08:30까지		09:00부터 건물통제 및 입실불가
1교시 언어이해	09:00~10:10 (70분)	30문항	5지선다형
휴식	10:10~10:40 (30분)		
2교시 추리논증	10:45~12:50 (125분)	40문항	5지선다형
점심	12:50~13:50 (60분)		
3교시 논술	14:00~15:50 (110분)	2문항	서답형, 모범답안과 해설 제공

※ 논술은 제10회(7월14일) 시험에만 시행하며, 논술의 경우 채점을 하지 않고 시험 종료 후 모범답안을 해설과 함께 제공함. 논술은 모두 사례형으로 출제되며 대학의 현직 교수가 출제함.

▣ 접수방법
① 각 대학 로스쿨 준비반은 법률저널에 직접 단체로 접수
② 서울대 등 단체 접수는 별도 창에서 접수(대학별 URL 제공)
③ 개별 응시자는 법률저널 홈페이지(www.lec.co.kr)에서 접수

▣ 시험 시행 지구
① 개별 응시자-서울, 부산, 대구, 대전, 광주
※지방은 제6회(2024.6.2.)부터 운영함.
② 대학 준비반-참여대학 고시반

▣ 응시수수료(고물가로 집행비용 대폭 인상 요인에도 동결함.)
회당 80,000원(온·오프 동일) / 제10회 논술 포함 100,000원

▣ 접수 문의
- 개별 접수 문의 : 070-4185-8780 / examlaw1144@naver.com
- 대학 단체 접수 문의 : 070-4185-8777
- 네이버 카페 문의 : https://cafe.naver.com/lecleet